Vorwort

Wer diese Geschichten ernst nimmt, der sollte die Finger davon lassen!

Mit dieser Fibel können sowohl pädagogische als auch unterhaltende Zwecke erfüllt werden. Der Inhalt ist geeignet für ältere Kinder und jüngere Jugendliche.

In fast allen Begegnungen ist etwas Wahres versteck.

Dadurch könnte diese Fibel auch als Gesellschaftsspiel genutzt werden.

Wer findet zu erst die Wahrheiten?

Welche Geschichte ist total frei erfunden?

In Zeiten von PC und Tablett sollte die Lösung nicht allzu schwer sein.

Und nun viel Spaß beim lesen.

INHALT

Kneip - Die „Wahrheit" über den Pfarrer

Ich wurde neulich darauf angesprochen woher ich so
viel über die Selbstheilungskräfte des menschlichen
Körpers weiß.

Da konnte ich nicht mehr länger mit einem Teil
meiner Vergangenheit hinter dem Berg halten.

Ich erzählte aus meiner Zeit, als ich noch einer der
Schüler von Pfarrer Kneip war.

Also, eigentlich hieß der Pfarrer gar nicht Kneip,
sondern Pfarrer Huttendorn, aber häufig, wenn ich
mit Patienten beim Wassertreten war, kamen irgend
welche Leute die die Hilfe des Pfarrers brauchten und
wollten wissen wo er sei.

Da der gute Geistliche aber gerne schon am frühen
Tag ein bis vier Bierchen trank, konnte ich den
Hilfesuchenden nur zurufen: "In der Kneip."

Da solch eine Situation öfter vorkam, hieß der Pfarrer bald bei allen Leuten im Ort nur noch Pfarrer Kneip, das war natürlich auch einfacher als nach Pfarrer Huttendorn zu fragen. Wie das so war mit den Namensgebungen vor den Jahren, irgendwann war dann aus Huttendorn Kneip geworden. So ähnlich wie bei den Berufen : Müller, Meier, Schmied usw.
Wir, die Schüler des Pfarrers hatten eine gute Ausbildung. Wir durften selbstständig Kranke zur Ader lassen, Wunden mit einem glühenden Brenneisen desinfizieren und Zähne mit einer Zange ziehen.
Bei den Arbeiten mit der Zange oder mit dem Brenneisen setzten wir immer ein Beißholz ein. Darauf wurde feste gebissen um die Schmerzschreie zu unterdrücken.

Besonders lustig gestaltete sich das beim Zähne

ziehen! ????????

Natürlich nahmen wir bei den Zähnen kein Beißholz.

Wie soll das denn gehen?

In diesem Fall nahmen wir ein schwarzes Tuch und

banden es vor die Augen des Patienten. Alle wussten,

dass es einem schwarz vor den Augen wird, wenn

man das Bewusstsein verliert. Also redeten wir den

Leuten ein, dass sie ohnmächtig werden bevor es

richtig zur Sache ging. Vorsichtshalber verteilte der

Pfarrer an uns Stöpsel für die Ohren. Er selber

brauchte keine, da seine Hörfähigkeit schon rapide

abgenommen hatte.

Man mag es nicht glauben, aber so Mancher ist

tatsächlich ohnmächtig geworden. Aber es kam wie es

kommen musste, wenn man seine Herrschaft als
Vorbild nimmt.

Ich hatte dann auch sooft wie es ging, seinen Nähe
gesucht. - Auch dort wo es des Bieres viel gab.

Doch wenn zwei das Gleiche machen ist es noch lange
nicht das Selbe!

So kam denn auch der Tag an dem er mich nicht nur
vom Hof der Heilanstalt, sondern auch von der
Anstalt generell verwies.

Was habe ich daraus gelernt? Zuviel Nähe beim Chef
ist auch nicht gut!!

Walter von der Vogelweide

Lange vor der Zeit bei dem Pfarrer Kneip durfte ich

einige Zeit mit dem damals sehr bekannten Walter

von der Vogelweide durch die Lande ziehen.

Wo genau die Vogelweide eigentlich ist, war selbst

vom Walther nicht zu erfahren.

Ich denke manches Mal heute noch, dass bei der

Vogelweide aus Gründen des Jugendschutzes zwei

Punkte weggelassen wurden. Denn es gibt keine

Weide für Vögel, nur für Kühe, Pferde, Schafe und

derartige Tiere.

Aber es ist ja bekannt wie Nachnahmen entstanden.

Sie hatten oft etwas mit den Berufen oder den

Freizeitbeschäftigungen der Menschen zu tun.

Wie zum Beispiel war Klaus ein leidenschaftlicher

Angler: Also wurde er gerufen Klaus der Angler.

Damit das aber schneller geht, nannte das Volk ihn ab

einem Zeitpunkt – Klaus Angler-!

So ähnlich muss es wohl auch bei dem Nachnamen

vom Walther gewesen sein. Nur, dass man seinen

Namen noch nicht schneller aussprechen konnte.

Da ich mich schon seit meiner frühesten Jugend zur

Lyrik, der Musik und der Kunst im allgemeinen

hingezogen fühlte, war es für mich damals das Größte,

als sich mir die Gelegenheit bot, mich eben diesem

Walter von der Vögelweide anschließen zu können.

Der Walter war ja schon damals das, was heute ein

Pop-Star ist.

Er verkehrte in Königs- und Fürstenhäuser der

deutschen Republik. Ob er aber auch bei Denen von

Fürstenberg aus Gelsenkirchen war, ist mir bis heute

nicht bekannt, und das obwohl ich keine zehn

Minuten zu Pferd von dem Fürstenbergstadion beheimatet bin.

Derer von Fürstenberg müssen wesentlich mit dem Fußball verbunden gewesen sein, denn es gibt ja auch ein Fritz Walter-Stadion.

Aber zurück zu meinem Walter. Er war natürlich ein ganz schönes Schlitzohr. Durch seinen Gesang betörte er die gesamte Damenwelt landauf und land ab. Bei seinen teilweise frivolen Texten gerieten sie häufig in Entzückung, so dass manche vergaß an ihren Gemahl zu denken.

Was der gute Walter leider verschwieg, war, dass er des Schreibens unkundig gewesen. Er konnte zwar lesen, aber seine Texte musste ich ihm nicht nur schreiben, sondern mir auch ausdenken. Ich war, später wird man sagen, sein ghost-writer.

Da ich auch nicht immer wusste was ich schreiben

sollte, bin ich bei jedem neuen Aufenthalt in einer

Burg oder Schloss zuerst, natürlich nur in meiner

Freizeit, denn der Künstler sollte es nicht wissen, in

die Gemächer der weiblichen Hoheiten und ihrer

Zofenschaft gegangen und habe sie nach dem gefragt,

welches Thema sie beschäftigte und sie abendlich vom

Walter singend vorgetragen bekommen wollten.

Da er zu meinen Texten die Melodie erfand, kam es

hin und wieder dazu, dass ihm zu dem einen oder

anderen meiner Verse keine Melodie einfiel. Diesen

Text trug er dann als Lyriker in einer

herzzerreißenden sprechenden Darbietung vor.

Mir ging es bei ihm immer sehr gut. Die Bezahlung

war, dank seiner Berühmtheit, sehr großzügig. Auch

so manche Zofe und andere Weiblein aus der

Bedienung versüßten mir meine freie Zeit. Da ich

nebenher mich auch in der Sprache und Schreibweise
der Lateiner kundig machte, erlaubte ich mir eines
Tages einen Streich meinem Gönner gegenüber.

Hätte ich gewusst, welche Folgen dies haben würde,
hätte ich mich derbe zurückgehalten.

Aber der Schalk in meinem Nacken ließ sich einfach
nicht bändigen. Diesmal schrieb ich seine Texte in
lateinischer Sprache, wobei ich wusste, dass der große
Sänger sie nicht verstand und die Texte somit nicht
lesen konnte. Eigentlich kein Problem, denn ich wäre
ja da gewesen um sie neu zu schreiben.

Doch bevor es dazu kommen konnte, wurde ich mit
einer Erledigung in die nahe Stadt nach Berlichingen
geschickt.

In dem Ort hatte ich nach der Erledigung meines
Auftrages nicht mehr an den lateinischen Text

gedacht und gab mich bei einigen Bieren der

Entspannung und vergnüglichen Gesprächen hin.

Bis in die späte Abendzeit.

Da aber der Walter zu der Zeit seine Lieder vortragen

sollte, es aber nicht konnte, er aber auch keine, schon

bekannten, vortragen wollte, war der Hausherr Ritter

Götz natürlich aufs Äußerste erzürnt und wies den

Sänger an, den folgenden Tag in aller Herrgottsfrühe

seine Burg zu verlassen und ihm nie wieder unter die

Augen zu kommen.

Da er ihn sonst vierteilen lassen werde. Ja der Götz

von Berlichingen war schon ein rechter Grobian.

Natürlich wurde ich dementsprechend von Walter

von der Vogelweide mit einer Schimpfkanonade

empfangen.

Er versagte mir sofort seine Freundschaft und schickte

mich noch in derselben Nacht hinaus.

Da ich aber in dem Ort eine nette, holde Jungfer

kennen gelernt hatte, machte ich mich zu ihr auf den

Weg. Nachdem ich bei ihr um Einlass gebeten hatte

und auch bekam, war meine Welt wieder in Ordnung.

Was allerdings in jener Nacht bei der Jungfer

geschah?

Darüber schweigt des Sängers Höflichkeit!

Das hatte ich bei Walter von der Vogelweide gelernt.

Ein Mann mit Namen Karl Heinz Bringinswatt

Nachdem mich damals der Walter von der Vogelweide

von Dannen gejagt hatte, wollte ich ein wenig

ausspannen.

Da es Sommer war und ich noch nie an der Nordsee
war, wollte ich einmal das Rauschen des Meeres
wahrnehmen.

Es wurde in so vielen Liedern besungen und in vielen
Versen versponnen.

Nach meiner Ankunft in Güllesiepen, da wo mir
gesagt war, sei das Meer, war aber vom Wasser weit
und breit keine Spur.

Nur Schlamm, schmutziger, schwarzer Schlamm.

Ein Bewohner kam meines Weges. Den fragte ich
nach dem Meer.

Der Mann war des namens Karl-Heinz Bringinswatt
und seines Zeichens der Sohn seines Vaters.

Der wiederum Lehrer im Ort.

"Das Wasser kommt in 3 Stunden wieder", sagte er.

"Das Wasser kommt wieder? Wo ist es denn hin?"

Hatte nie vernommen, dass Wasser geht, oder kommt.

"Guter Mann noch nie gehört von Ebb und Flut?"

Ich schüttelte den Kopf.

" Wenn du gehst ins Watt hinein,

wird bald Wasser bei dir sein."

War sein geheimnisvoller Rat.

Ich musste noch fragen: "Wat is Watt?"

Er zeigte zu dem Schlamm und ging schmunzelnd

seines Weges. Also machte ich mich auf den Weg, dem

Meer entgegen.

Schon nach einigen 100 Metern merkte ich, bei jedem

Schritt einsinkend, in den Watt,

(oder das Watt, oder die Watt?)

Es ist sehr schwer, zu gehen hin, zum Meer.

Meine Gebeine waren aber schon schwer von des

Tages Wanderung, sodass ich nicht nur an Umkehr

dachte, sondern auch vollzog.

Dem Orte wieder nah, wusste ich woher sein Name war.

Karl-Heinz Bringinswatt wurde mit dem Verschwinden zahlreicher Fremden in Verbindung gebracht. Sie tauchten zwar nach einiger Zeit wieder auf, aber allesamt waren zu Tode ertrunken.

Ein Mann mit Namen „Stürzt den Becher"

Nun war ich `mal im Norden Deutschlands, hatte irgendwann auch das Meer gesehen. Aber immer nur alle 6 Stunden Wasser und alle 6 Stunden kein Wasser war mir einfach zu langweilig. Ich hörte von einem Freibeuter der auf der Ostsee seinem Beruf nachging. Sein Name war schon damals eine

Berühmtheit, sowohl bei der armen Bevölkerung als auch bei den Kaufleuten des Handelskartells, genannt Hanse.

Die Leute nannten ihn unterschiedlich. Bei denen, welche hochdeutsch sprachen, hieß er Claus Stürzt den Becher. Das Volk sprach ja nicht so gepflegt und nuschelte gewöhnlich. So war bei ihm der Name Klaus Störtebeker verbreitet. Er bekam den Nahmen weil er einen Humpen mit 4 Liter Bier in einem Zug leerte und dann den Becher mit der Öffnung nach unten auf den Tisch stürzte.

Wie er eigentlich richtig hieß wusste er wohl selber nicht.

Diesem Mann wollte ich mich anschließen.

Das, was man so hörte, klang verheißungsvoll nach Abenteuer und Freiheit. (Vielleicht auch viel Bier?).

Ich lernte in einer Hafenkaschemme in Niestett, was

damals noch zu Deutschland gehörte und heute

Nystet heißt (DK), einen seiner „Mitarbeiter"

kennen, dem ich meinen Wunsch vortrug.

Er nahm mich mit und ich heuerte bei dem berühmten

Mann an. Da ich, wie bekannt, nicht gerade der

mutigste war und bin, aber doch schon für Walter von

der Vogelweide unterwegs unsere Mahlzeiten

zubereitet hatte, fand ich als Smutje in der Kombüse

eine Anstellung.

Der Koch war ein dickwanstiger, großer Glanzkopf.

Gott sei Dank war sein Wesen freundlicher als sein

grimmiges Gesicht.

Da wir den ganzen Tag für die Mannschaft irgendwie

mit Essen zubereiten beschäftigt waren, bekamen wir

von den erfolgreichen „Geschäftsbeziehungen" zu den

Schiffen der Händler kaum etwas mit. Aber abends

wenn mit reichlich Rum und Bier die Übernahme der Ware gefeiert wurde, waren wir aber heftig dabei und bekamen auch unseren Verdienst.

Weil aber dieser Klaus Störtebeker von den Händlern nicht gemocht wurde, machten sie Jagt auf ihn und so wurde er und wir als sein Gefolge gefangen.

Er wurde zur Enthauptung verurteilt. Doch um das Volk nicht zu sehr zu verärgern wurde ihm eine Gnade erwiesen.

Er konnte einige von uns vor dem Tode retten, wenn er ohne Haupt an uns vorbei liefe. Alle die, an denen er es schaffte würden frei gelassen und dürften nur bei Todesstrafe wieder zur See fahren.

Wir mussten uns am Tag der Enthauptung im Spalier aufstellen. Natürlich drängten die Offiziere und dann die besseren Mannschaften ganz nach *vorne. Sie wussten aber nicht, dass die Enthauptung genau auf der anderen Seite stattfinden sollte.*

Es kam wie es kommen musste: Wir, ich der Smutje, der Decksjunge und einige untere Matrosen standen nun vorne. Nach dem Abschlagen seines Kopfes lief unser Kapitän tatsächlich noch ohne sein Haupt an uns vorbei, bevor er nach einigen Metern zusammen sackte. Somit wurden wir als unbedeutende Mannschaften, freigelassen. Ich brauche wohl nicht zu betonen, dass ich die Nase von Abenteuern und Freiheit auf dem Meer, voll hatte.

Ich bin nie wieder als Mannschaftsmitglied zur See gefahren.

Als ich mit Allbrecht Dürer junior in Venedig war

Nachdem ich mein abenteuerliches Leben mit einem

„Blauen Auge" beendet hatte wollte ich nur weit weg

von den norddeutschen Küsten.

Es konnte nicht weit genug weg sein. Ich hatte viel

gehört von der warmen italienischen Stadt Venedig.

Dort wollte ich hin.

Natürlich hatte ich keine Ahnung wo die war und

noch weniger, dass sie im Wasser gebaut war.

Ausgerechnet schon wieder Wasser.

Bei meiner Ankunft an der Stadt stieß ich durch eine

Unachtsamkeit, mit einem Maler zusammen und

seine Staffelei ging dabei zu Bruch.

Zu meinem Erstaunen sprach er deutsch, wenn auch

mit einem schwer verständlichen süddeutschen

Dialekt. Wir kamen ins Gespräch, und da ich wieder

einmal kein Heller, geschweige denn einen Florin

mehr hatte, einigten wir uns, dass ich für die Schuld

ihm dienlich sein durfte. Nicht das, was erotisch

denkende Menschen denken!

Da er für Modelle bezahlte, wollte er sich nun das

Geld sparen.

Sein Name war Allbrecht Dürer junior, denn sein

Vater hieß ebenso.

Sein Name hat eine längere Geburtstrecke hinter sich.

Der Vater kam aus einem Dorf in Ungarn, welches

Ajto´s hieß. Ajto wiederum heißt auf deutsch Tür.

Aus Tür wurde dann Thürer = Türmacher. Aus

Thürer machte dann der Künstler auf Geheiß seiner

Frau Agnes den Namen Dürer.

Meine erste Arbeit als Modell war einfach, ich musste

nur die Hände wie zum Gebet zusammenlegen.

Obwohl, 3 Stunden still sitzen ist so einfach auch

nicht!

In den folgenden Monaten musste ich beinahe täglich

einige Stunden Modell stehen oder sitzen.

Damit seine herrschaftlichen Kunden nicht der Zeit

viel verloren, porträtierte er ihre Gewänder die ich

trug, so brauchte er später nur noch das Gesicht

nachtragen und konnte die Bezahlung nach Hause

tragen.

Selbst für die Damenwelt musst ich in deren Kleidern

herhalten.

Bei einer großen Lustbarkeit, ganz Venedig feierte,

lernten wir einen Adeligen aus Deutschland kennen.

Baron von Münchenhausen, das war vielleicht ein

Lügenbaron. Behauptete er doch tatsächlich, ihn habe

ein Delphin nach Venedig getragen.

Dabei weiß doch jeder, dass Delphine gar nicht fliegen

können. Erst recht nicht mit einer Menschenlast.

Als ich mich dann später auch in der Kunst der

Malerei versuchen wollte, hatte dieser Dürer wohl

Angst, ich könnte ihm als Konkurrent

gegenüberstehen.

Bei einer Reise in die nähere Umgebung durfte ich ihn

noch begleiten, doch zurück in Venedig wies er mich

an zu gehen.

So verließ ich diese Stadt im Wasser.

Wasser bringt mir einfach kein Glück.

Johannes Gensfleisch – Guthenberg –

Nach dem ich den Dürer in Venedig verlassen musste,

wollte ich eigentlich einen Abstecher in die Schweiz

machen. Doch dort herrschte ein Krieg des Volkes
unter einander. So zog ich über den Bodensee den
Rhein abwärts bis zur Mündung des Flusses der da
geheißen Main. Dort unweit gar, war die Stadt
Mainz. Da sollten viele fromme Leute wohnen und
ein Bischoff hatte dort sein Domizil.

Ich war sicher, da ein Leben voll des Friedens haben
zu können.

Ich fand eine Anstellung im Hause derer die den
Angelsheimer Hof in Wirtschaft hatten.

Da meine Fertigkeiten bei vielen Arbeiten
Anwendungen fanden, wurde ich bald zu dem was
später Vorarbeiter genannt wurde.

Bei meinen gelegentlichen Besuchen des
Nachbarhofes zu Guhtenberg, lernte ich auch die
Familie Gensfleisch kennen. Sie waren angesehene

Kaufleute in der Stadt Mainz. Die hatten auch einen
Sohn den alle Henne riefen.

Er lebte aber damals in der Nähe von Straßburg und
leitete verschiedene Geschäftsgemeinschaften

Als er dann Anno 1448 auf den elterlichen Hof
zurückkehrte, lernte ich ihn kennen.

Er hatte seinen Namen, so wie es in den Zwanzigern
des 15. Jahrhundert üblich war, seiner Herkunft
angepasst und nannte sich nun Johannes Guhtenberg.
Er versuchte schnell viele Bücher herzustellen. Da
diese Art der Arbeit für mich neu war, konnte ich
nicht umhin mich dafür zu interessieren. Der Henne,
wie ich ihn nennen durfte, bot mir bald einen
Anstellung an. So wechselte ich von dem einen Hof in
den anderen.

In mühevollen Versuchen und immer wieder neuen

Überlegungen fanden wir dann endlich die Legierung

aus Zinn, Blei, Antimon und Wismut. Aus diesem

Gemisch konnten wir dann die Buchstaben gießen.

Die wurden dann nach der Nachbearbeitung in den

Setzkasten gelagert.

Wir machten die unterschiedlichsten Größen, die wir

später bei dem Druck der Bibel einsetzen konnten.

Mit Hilfe der Druckletten, deren Herstellung mir

oblag, der Weiterentwicklung der Druckpresse und

einer verbesserten Druckfarbe, konnten wir endlich

schnell eine Vielzahl von Druckerzeugnissen fertigen

um uns später der Bibel zu widmen.

Sie war unser Meisterstück!

Dass der Bischoff aber nur den Johannes ehrte und

dieser mich und meine fleißige Mitwirkung

verschwieg traf mich sehr in meiner Ehre. Hatten wir

doch gemeinsam manche Nacht bei schwachem

Kerzenschein unsere Augen gequält.

Von mir angesprochen, zuckte er mit den Schultern

und wandte sich mit einem hämischen Grinsen ab.

Dieses brachte das Fass zum überlaufen.

Als der Hasenfuß einige Zeit im Umland weilte,

beschloss ich mich zu rächen und verließ den

Guhtenberg Hof. Nicht ohne einen kompletten

Typensatz in mein Reisegepäck zu legen.

Leider erwischte ich den 36 Zeilen Satz. Dadurch

konnte ich die erste Bibel nicht kopieren, denn da

wurde der 42er Satz verwendet.

Ich erreichte irgendwann das Bamberger Kloster und

druckte dort einige Bibeln für die Mönche. Später

wurden sie B36 genannt. Im Gegensatz zur ersten

Bibel, die hieß B42.

Als ich später erfuhr, dass der Henne Gensfeisch

gestorben war und in Mainz beerdigt lag, verließ auch

ich diese Gegend und beschloss mich nun endlich in

der Schweiz umzusehen.

Wilhelm Tell, der Apfel und ich
Nachdem mich der Guhtenberg so bitter enttäuscht

hat und die Mönche in Bamberg mich nicht mehr

benötigten, zog es mich nun endlich in die Schweiz.

Ich nahm an, der Krieg unter den Bürgern sei nun

mittlerweile vorbei.

Entweder waren die aber immer noch zu Gange, oder

schon wieder. Ich geriet plötzlich zwischen die

Kämpfer des Habsburgers Landvogt Gessler und der

eidgenössischen Bruderschaft.

Da ich von den herrschaftlichen Leuten erst einmal die Nase voll hatte, suchte ich das Lager der Freiheitskämpfer auf.

Wie so oft fand ich schnell Kontakt, denn fähige Männer konnten auch im Lager gebraucht werden.

Ich machte mich wieder einmal an vielen Orten nützlich. So half ich mit flinken Fingern bei der Apfelernte.

Eines Tages tauchte ein bärtiger Hüne, bekleidet wie ein Kämpfer, bei uns auf. Er bat um einen Korb mit Äpfeln. Da er nicht so aussah, als würde er sie essen wollen, fragte ich ihn nach dem Grund seines Begehrens.

Er antwortete, dass er Wilhelm Tell heiße, und er müsse zur Strafe mit seiner Armbrust einen Apfel von seines Sohnes Haupte schießen.

Er gellte als guter Schütze, was aber wiederum nicht stimme.

Nun habe er Angst um das Leben seines Sohnes und müsse zunächst üben. Er bat mich, ihm das Apfelziel zu platzieren. Da das Ende dieses Erntetages nahte, willigte ich mit Freuden ein.

Wir gingen zu einem nahe gelegenen Baumstumpf von 6 Fuß Höhe und ich legte einen Apfel auf diesen. Der Recke war wahrlich kein guter Schütze.
Für den ersten Treffer benötigte er 8 seiner Pfeile. So konnte es nicht weitergehen. Zumal die Dunkelheit sich hinter den Bergspitzen ankündigte.

So nahm ich den Apfel stellte mich, vor den Baumrest und setzte den Apfel auf die Mitte meines Hauptes.

Ich war mir sicher, er wollte mich nicht treffen und würde mit größter Sorgfalt zielen. Dennoch schloss ich meine Augen und wartete auf mein mögliches Ende.

Mit einem pfeifenden Geräusch flog das Geschoß auf mich zu und spaltete tatsächlich den Apfel auf meinem Kopfe.

Da war ein Jubelruf des Schützen nicht zu überhören. Ich dagegen musste erst einmal tief Luft holen. Da er sich noch nicht sicher war, ob er dies auch bei seinem Sohn sicher schaffte, musste ich noch für 2 Dutzend Äpfel herhalten.

Wie man nun lesen kann, habe ich alle Versuche überlebt. Er benötigte also eine lebendige Apfelauflage um es zu schaffen.

Mit seinem letzten Schuss war er sich sicher es auch andern Tags bei seinem Sohn zu können.

Doch nahm er dann einen 2.Pfeil zum Ort seiner

Prüfung mit. Der ward gedacht zum Schuss auf den

Landvogt, falls er doch seinen Sohn treffen würde.

Doch nach dem erfolgreichen Schuss auf des Sohnes

Hauptes befindlichen Apfel, folgte statt der Freiheit,

die Verhaftung. Des 2.Pfeiles wegen.

Ich hörte später, er hätte auf dem Weg nach

Küssnacht entfliehen können. An einem Hohlweg, der

Hohlen Gasse, soll er dem Leben des Tyrannen aus

einem sicheren Versteck ein Ende bereitet haben.

Sein Leben verlor der mittlerweile erfolgreiche Krieger

aber nicht im Kampf.

Man sagt, er sei bei dem Versuch das Leben eines

ertrinkenden Kindes zu retten selbst zu Tode

gekommen.

Tja, man sollte nur dann Ertrinkende zu retten

versuchen, wenn man selber schwimmen kann!

Meine Traumfrau Johanna vom Bogen (Jaenn d´Arce)

Nachdem ich im Lenz bei herrlichsten Sonnenschein

die Schweiz in Richtung der Franken verlassen hatte,

überkamen mich die Gefühle die eines jungen Mannes

eigen sind.

Nach einem Weib stand mir der Sinn. Für eine

Familie war ich grad im richtigen Alter.

Auf meinem Weg durch Lothringen kam ich nach

Domrèmy.

Eine Jungfer kam meines Weges daher, so dass ich sie ansprechen konnte.

Sie erwiderte meinen Gruß freundlich. Da sie gut unsere Sprache konnte, kamen wir in ein sympathievolles Gespräch. Sie war die Tochter einer wohlhabenden Bauernfamilie aus der Gegend.

Johanna vom Bogen sei ihr Name und schon beinahe im Alter 17. Insgeheim dachte ich: Ein gutes Alter für ein Eheweib.

Ich nahm Quartier in der Schänke und half den Wirtsleuten als Kalfaktor. So konnte ich meiner herzliebsten Johanna oft nahe sein.

Doch eines Tages verhieß sie mir, der Herr habe zu ihr gesprochen und sie auserwählt Frankreich vor den Engländern und Burgundern zu schützen. So könne sie nicht mein Weib werden.

Die Hölle übergoss mich mit dem niedrigsten ihres

Inhaltes.

Warum nahm der Herr mir das angedachte Weib?

Sie gebar uns einen Sohn und zog dennoch dann mit

den Truppen des Dauphins, dem späteren König Karl

VII, gegen die Feinde ins Feld. Zunächst galt es

Orleans zu befreien.

Wie damals oft üblich gingen die Familien der

Soldaten im Tross der Truppe hintendrein. Ich mit

ihnen. Doch die Sorge um meine Jeanne, wie sie von

den Franzmännern genannt wurde, nagte an meiner

Seele, besonders nach dem baldigen Tod unseres

jungen Sohnes.

Ich litt bei jedem neuen Kampfgewühl.

Eines Tages verspürte ich einen Schmerz im rechten

Arm, als würde er mir abgerissen. Stunden später

wurde mir meine Johanna mit einer tiefen

Fleischwunde ebenda im rechten Arm, ins Lager gebracht.

Kurze Zeit später bekam sie Wundfieber und tags darauf verstarb sie in meinen Armen. Weinend schloss ich die Augen und öffnete sie erst, als eine Stimme zu mir sprach: „Junker, werdet wach, werdet wach! Seine Herrschaft ist kommend, und wenn sie Euch so schlafend vorfindet, seid ihr den Dienst los und müsst wieder auf Wanderschaft gehen."

Es war der Knabe der Kutscherfamilie, der mich warnte. Ich befand mich nicht im Frankenreich, sondern immer noch in deutschen Landen.

Da wurde mir klar, dass ich schlafend meine Pause verlängert hatte, und meine Liebe zur Johanna nur im Traum erlebt hatte. Eine Johanna vom Bogen hat es niemals gegeben und bestimmt auch nicht den Ort Orleans. Oder doch?

Willi am Schrägbier, später: Schüttelspeer und das Theater

Ich hatte nun wieder einige Frühlingsmonate in den schönen deutschen Landen verlebt, und begann mich allmählich zu langweilen.

In London, so hörte ich, soll ein gar erfolgreicher Schauspieler und Autor die Menschen dort mit allerlei Bühnenwerk unterhalten.

Zu dem Pool der Unterhaltung zog es mich. Als dann der Somme ins Land kam, machte ich mich über Flandern und die See auf nach London.

In London angekommen, suchte ich mir zunächst eine Bleibe am Rande der Stadt, in der Nähe des Seineufers. Es war eine verkommene Herberge für Matrosen, aber meine Geldmittel gestatteten mir nicht mehr. Ich nahm mir vor, später bei den

Wirtsleuten um eine einfache Anstellung nach zu
fragen.

Am zweiten Tag gelangte ich zufällig vor das
Globe-Theater. Dort sollte in einer Woche das Stück
„Die lustigen Weiber von Windsor" aufgeführt
werden.

„Theater" - dachte ich, „da habe ich ja noch nie
gearbeitet. Vielleicht gibt es auch eine kleine Rolle für
mich zu spielen?"

Ich trat durch ein breites Tor in den Innenraum und
musste zu meinem Erstaunen feststellen, dass das
Theater gen Himmel offen war. Später konnte ich
feststellen, dass es eine übliche Bauweise für ein
Theater war, und nur die wenigsten überdacht waren.
Wie zum Beispiel das Blackfrias Theater.

Ich sprach einen Mann an, der aussah, als wäre er der „Anführer" der Truppe, welche sich auf der rechten Seite der Bühne versammelt hatte.

Mein Ersuchen nach Arbeit hörte er sich geduldig an, lächelte viel sagend und zeigte auf einen unscheinbar wirkenden, halb glatzigen Schauspieler am Rande der Truppe. Ich konnte mein Erstaunen nicht verbergen, doch der Mann nickte mir nur zu.

So trat ich vor den, von dem mir Geheissenden, nannte meinen Namen, und trug ihm meinen Wunsch nach einer Anstellung vor. Mit einem freundlichen Lächeln nannte er mir seinen Namen.

Da ich der englischen Sprache nicht gut mächtig war, verstand ich: Willi am Schrägsbier.

„Ach", so dachte ich „ auch ein Deutscher."

Bald musste ich aber feststellen, dass dem nicht so war. Für mich blieb er aber der Willi am Schrägsbier.

Erst viel später, als ich die englische Sprache besser

verstand, konnte ich den Namen ins Deutsche

übersetzen.

Es war ein ulkiger Name: Willi am Schüttelspeer.

Sicherlich war einer seiner Ahnen ein hoch dekorierter

Krieger gewesen, denn es gab, wie ich ebenfalls später

zu wissen bekam, ein Familienwappen.

Meinen Wunsch nach einer Anstellung konnte er mir

gottlob erfüllen.

Benötigt wurde ein Helfer für allerlei anfallende

Nebenarbeiten. Leider kein Schauspieler, der ich ja

eigentlich auch nicht war.

Neben meiner Tätigkeit hatte ich genug Muße mir das

Treiben bei den Proben auf der Bühne anzuschauen.

Ich erkannte, dass der „Willi am Schrägsbier" nicht

nur das Sagen hatte, sondern auch der Verfasser der

Texte war. Er selber spielte nur kleinere Nebenrollen

in seinen Werken.

Die Sommermonate gingen ins Land und im

Spätherbst musste der Spielbetrieb mangels fehlender

Überdachung und fallender Temperaturen, eingestellt

werden. In den folgenden Monaten wurde aber fleißig

an neuen Werken und Sonetten gearbeitet.

Mein neuer Chef hatte bald erkannt, dass meine

vielfältigen Erfahrungen gepaart waren mit

Fähigkeiten welche ihm von Nutzen sein konnten.

Ichn hatte ja schon für Walther von der Vogelweide

Texte verfasst und so kam, wie es kommen musste: Ich

durfte auch für ihn zunächst einige Sonette schreiben.

Ein nicht unerheblicher Umstand war auch eine

bessere Bezahlung.

Später kam mir die Ehre zuteil ein komplettes

Theaterstück zu Papier bringen zu dürfen. Ich ersann

mich dabei an die Zeit, als ich mit dem Meister Dürer
in Venedig weilte und dort von der Liebe eines Paares
gehört hatte, deren Familien sich spinnefeind waren.
Ich nannte die Liebenden Romeo und Julia.
Als im Jahr darauf die ersten Frühlingsonnen=
strahlen das Theater erwärmten, begannen auch die
ersten Proben für die neue Theatersaison.
Mit großer Freude konnte ich feststellen, dass mein
„Romeo und Julia" in das Programm aufgenommen
war.
Was mir allerdings weniger gefiel, war, dass nicht ich
als der Verfasser genannt wurde sondern der Herr
Schüttelspeer!
In den hinter uns liegenden Monaten haben außer
mir, noch einige andere fleißige Köpfe Arbeiten zu
Papier gebracht. An einen kann ich mich noch gut
erinnern, da wir uns gemeinsam in einer besseren

Herberge einquartiert hatten. Es war ein junger

Holländer mit einer stattlichen Figur, die jedem

Recken zur Güte gereicht hätte. Sein Name war

Edwart de Vere.

Als ich unseren Geldgeber bat, doch meinen Namen

als den Urheber von Romeo und Julia zu nennen, war

seine Antwort brüske Ablehnung. Aus dem einst so

viel versprechendem Poet war mittlerweile ein

geltungssüchtiger Geschäftsmann geworden.

Als aber im Sommer auch in London die Pest Einzug

hielt wurde der Theaterbetrieb eingestellt und verließ

London über die Nordsee kehrte ich zurück auf den

Kontinent.

Jahre später kam mir zu Gehör, dass der Herr

Schüttelspeer, genannt Willi am Schrägsbier, es zu

deutlichem Ruhm gebracht hatte.

Auf Kosten armer Schreiberlinge hat er zweifelhafte
Berühmtheit erlangt.

Ein Apotheker aus Port-Sainte-Marie

Aus England kommend landete ich an der

französischen Küste, obwohl ich doch lieber über

Belgien nach Deutschland gelangt wäre.

Aber ein fürchterliches Unwetter zwang den Kapitän

des Schiffes, welches uns über den Ärmelkanal

brachte, den kürzesten Weg über die tobende See zu

nehmen.

Nun war ich da in einem fremden Land in das ich

nicht wollte und dessen Sprache ich weder sprach

noch verstand. Da ich für eine notwendige

Verständigung einige Sätze in lateinischer Sprache

konnte, suchte ich sooft es ging zur Verständigung

Priesterschaften, Ärzte oder Apotheker auf.

Diese konnten mir oft auf meinem Weg nach

Deutschland behilflich sein.

Nicht selten wurde ich zu mich sättigenden

Mahlzeiten und zu Übernachtungen unter ihren

Dächern eingeladen.

Überhaupt waren mir die Bürger dieses Landes wohl

gesonnen und halfen, sofern sie mich irgendwie

verstanden, mir freundlich meinen Weg zu finden.

Heute weiß ich nicht mehr, wie viele Tage ich

unterwegs war, als ich in den frühen Abendstunden

in einen Ort kam dessen Name Port-Sainte-Marie

hieß.

Später erfuhr ich, dass die Stadt in deutscher Sprache

„Tor zur heiligen Maria" hieß. Ein komischer Name

für eine Stadt, aber niemand konnte mir erklären wie
es zur Namensgebung kam..

Der Turm der Kirche zeigte mir, wie immer, den Weg
zum ortsansässigen Geistlichen. Den wollte ich auch
dieses Mal zu meinem weitern Weg befragen.

Eine glückliche Fügung wollte es, dass ich an einer
Apotheke vorbei kam. So konnte ich mir das fromme
Gespräch mit dem Pfarrer ersparen. Davon hatte ich
schon zu viele auf meinem Weg gehabt.

Ich klopfte an die Tür des Produzenten von
Medikamenten, Kosmetika und Konfitüren.
Ein freundlich dreinschauender Mann mit einem
langen weißen Bart öffnete mir und fragte nach
meinem Wunsch.
Ich erklärte ihm was ich begehrte.

Er nickte verstehend und bat mich erst einmal in sein

Heim.

Sein Weib Anne gab mir Brot, Käse und

schmackhaften Rotwein zur Verköstigung.

Der Apotheker war des namens Michalle de

Nostredame.

Da der Name nicht so recht zu seinem Beruf passte

und er ja viel mit der lateinischen Sprache zu tun

hatte, lateinisierte er ihn in Nostredamus.

Wir hatten einen gesprächsreichen Abend, und wieder

einmal war ich wissbegierig nach seiner Arbeit. Da er

für seine andere Passion, der Astrologie, mehr Zeit

haben wollte, bot er mir eine Gehilfenanstellung an.

So erlernte ich das Pillen drehen, Salben für die

Damenwelt zu mixen und schmackhafte Konfitüren

zu kochen.

Bei einigen Erkrankungen konnte ich den Meister

(der Titel wurde ihm 1554 von der Stadt Aix-de-

Provence verliehen) mit meinem Erlernten von

Pfarrer Kneip unterstützen. So konnten wir uns recht

gut ergänzen.

Sein Ruf gelangte durch unsere Heilkünste schnell

über die Stadtgrenze hinaus, leider nur seiner.

Von mir sprach niemand.

 So hörte auch der König Heinrich II und seine

Ehefrau Katharina von Medici von den Fähigkeiten

Michalles, und er wurde an den Hof berufen.

Es sollte eine lange Zeit vergehen, bis er wieder nach

Port-Sainte-Marie zurück konnte.

So versuchte ich die Ehefrau Anne in den einsamen

Abendstunden zu unterhalten. Wir verstanden uns

gut und sie lauschte mit freudiger Begierde den

Versen und den Liedern welche ich ihr vortragen durfte. Mit jedem Becher der gar fein schmeckenden Weine wurden die Texte meiner Darbietungen immer frivoler und unser Verhalten von Mal zu Mal gewagter.

Natürlich endete einer unserer vergnüglichen Abende mit einem "gewaltigen Vergnügen".

Leider brach ich mir dabei den rechten Arm.

Ich hatte schon vorher zur Anne gesagt, dass mir das balancieren auf einem Seil in 5 Fuß Höhe nicht liegen würde. Doch konnte ich ihrem vergnügten Drängen nicht entgehen.

Nun musste sie mich verarzten und mir bei der Arbeit helfen. Natürlich konnte ich die Kranken aus dem Ort nur bedingt versorgen.

Durch einen Hilferuf des Amtsvorstehers und Steuereinnehmer von Salon an den königlichen Hof, *durfte der Nostradamus, der zwischenzeitlich zum*

Leibarzt des Königs ernannt wurde, dann endlich

wieder in Port-Sainte-Marie die Bewohner

medizinisch versorgen. Ich gehörte leider nun auch zu

seinen Pflegekindern.

Obwohl er mit Horoskopen, prophetischen Gedichten

und negativen Weltprophezeiungen schon zu

Lebzeiten vermögend und berühmt geworden, konnte

er sich selber vor einer todbringenden Krankheit nicht

schützen.

Nach seinem Tod mit 62 Jahren machte ich mich

endlich wieder auf den Weg ins deutsche Land.

Neben dem Pillen drehen und den anderen

Apothekeraufgaben habe ich in der Zeit bei ihm aber

Eines gelernt:

Mit Geschichten frei erfunden, kann man manchmal

sehr viel Geld verdienen!

Der Mathematicus *Keppeler*

Endlich wieder in deutschen Landen machte ich mir

Gedanken wohin mich mein Weg führen sollte.

Da ich nun aus dem Elsass gekommen und die Donau

nicht sehr weit, wollt ich dieser folgend Regensburg

erreichen.

Das Wetter zeigte sich von seiner schönsten

Frühlingsseite und jeder Tag war ein lebensfroher.

Die Wandertage gingen wie im Flug vorbei, und ich

erreichte frohen Herzens in der Mittagszeit ein

Stadttor von Regensburg.

Es empfing mich eine Ortschaft mit sauberen Strassen

und schmucken Häusern.

Ja, hier gefiel es mir gut, hier wollt ich verweilen.

Um hier aber leben zu können, benötigte ich des

Geldes.

Um dieses zu bekommen, musste ich eine

Helferanstellung annehmen.

Also begab ich mich zum Rathaus und fragte um eine

Anstellung. Man wies mir den Weg zu einem

Gelehrten, einem Mathematicus und seiner Familie.

Er benötige einen schreibkundigen Helfer. Voller

Neugierde und optimistischer Erwartung erreichte ich

am frühen Nachmittag das Haus meines hoffentlich

neuen Arbeitgebers.

Nach meinem Klopfen öffnete mir ein schmächtiger,

schlanker Mann mit hoher Stirn und einem Vollbart

mit einem breiten Schnauzer.

Während ich ihm mein Anliegen vortrug, schaute er

mich missgelaunt an.

Als ich ihm von meinen Kenntnissen des Schreibens

berichtete wurde sein Gesicht entspannt.

Als er erfuhr, dass ich auch noch der lateinischen

Sprache in Schrift und Wort kundig war, hellte sich

sein Gesicht auf und er lud mich mit einer

einladenden Armbewegung in sein Heim ein.

Es stellte sich heraus, dass er nicht nur kundiger

Mathematiker, sondern auch Naturphilosoph,

Astronom, Astrologe, Optiker und Theologe war. So

wie es schien, ein gebildeter Mann, dieser Herr

Keppeler.

Meine Arbeit bestand überwiegend im schreiben von

Notizen bei seinen Berechnungen und Versuchen.

Später diktierte er mir anhand der Notizen die Texte

seiner Veröffentlichungen.

Zu Beginn habe ich noch Fragen zu seiner Arbeit

gestellt. Geduldig versuchte er mir einiges zu

erklären, doch ich verstand kaum ein Wort, noch

weniger die Zusammenhänge.

Einmal zeigte er mir des nachts am Sternenhimmel

mit dem von ihm entwickeltem Fernrohr, einen

explodierenden Stern. Das war etwas ganz

besonderes, wenngleich ich auch nicht verstand, was

da vor sich ging.

Es war eine angenehme Zusammenarbeit, bis zu dem

Zeitpunkt, als ich einen Traum von mir niederschrieb

und ihn dem Astronom zu lesen gab. Ich hatte den

Aufsatz „Somnium" überschrieben. Das hörte sich

bedeutungsvoller an als „Der Traum".

Die Geschichte handelt von einer Reise und dem

Leben zum und auf dem Mond. Mit all seinen

Wettererscheinungen, den Tieren und den

unwirtlichen Lebensbedingungen, aber mit einem

fantastischem Blick auf die Erde.

Der Keppeler, wie ich ihn seit einiger Zeit nannte,

war erbost und nannte mich einen Spinner, der keine

Ahnung hat, und mit dieser Geschichte nur die

Menschen verdummen möchte. Nie würde er einer

Veröffentlichung zustimmen. Er entzog mir den Text

um ihn unter Verschluss zu bringen.

Ob diesem, seinem Verhalten wurde unsere

Zusammenarbeit immer mehr durch eine

Disharmonie beeinflusst. Um ihm Eins auszuwischen,

machte ich in seine Diktate etliche Fehler, um ihn bei

seinen Fachkollegen lächerlich zu machen.

Verdammt, ich war sauer!! Natürlich musste das

auffallen. Als ob er so etwas geahnt hatte, nahm er

sich irgendwann einen Text und kontrollierte meine

Arbeit. Somit waren meine Tage in seinem Hause

gezählt. Oder besser meine Stunden, noch besser

meine Minuten!

Da ich fluchtartig das Haus verlassen musste, habe

ich natürlich vergessen mir mein „Somnium"

aushändigen zu lassen.

Jahre später musst ich miterleben, dass sein Sohn es

unter des Vaters Namen veröffentlichte.

Aber erst als dieser schon verstorben war.

Warum wohl?

Ich ging wieder leer aus.

Er und ich sind Zwei, nach Adam Risen

Als ich mich auf den Weg nach Dresden gemacht

hatte, durchquerte ich das Örtchen Annaberg.

Ich hatte von einem Rechenmeister Adam Risen

gehört, der dort leben sollte und ein Buch

veröffentlicht hat mit dem langen Titel:

„Rechenung nach der lenge / auff Linihen vnd Feder".

Kurz genannt „Practica". Darin wurde auch das für

mich wichtig erscheinende „Visieren", also die

Berechnung des Inhaltes eines Fasses behandelt.

Ich konnte zwar einfache Rechenaufgaben lösen, doch

wollte ich auch so etwas wichtiges wie ein Fass

berechnen können.

Nach einigen Befragungen der Leute im Ort, fand ich

ihn in seinem Amtszimmer. Er hatte eine Anstellung

als „Zehntner" und achtete auf die Preise für Brot,

„dass der arme gemeine man ym Brotkauff nicht

vberstezt würde."

Ich war einpfiffiger Mechanikus, ein gar feiner

Schreiberling, aber mit der Kunst der Mathematik

kannte ich mich nicht gut aus. Also bat ich den

Meister Risen mich in der Berechnung eines

Fassinhaltes zu unterrichten, denn das interessierte

mich sehr. Waren Fässer doch für uns die Haupttransprtbehälter.

Er war auch gerne bereit dazu, doch ich müsse im Gegenzug bei dem Brotverkauf helfen. Natürlich war ich damit einverstanden.

Hätte er gewusst, was da auf ihn zu kam - ....

Tagsüber verrichtete ich meine Arbeit mit Freude und Einsatzwille. Am Abend, als der Rechenmeister mir dann die Inhaltsrechnung erklären wollte, waren wir beide doch bald der Verzweiflung nahe. Er versuchte alles, aber ich war nicht in der Lage diese Rechnung zu verstehen. Nach zwei Stunden gab ich erschöpft auf und bat ihn, doch am nächsten Abend einen erneuten Versuch zu wagen. Er nahm diesen Vorschlag dankend an.

So ging das an jedem der folgenden Abende weiter.

Der Herr Risen bewunderte zwar mein Durchhaltevermögen, meinte aber nach sieben Versuchen, dass ich wohl einige Talente hätte, doch beim berechnen eines Fasses, sei ich so etwas wie eine Null.

Obwohl ich es eingesehen, tat es mir doch in der Seelenhaftigkeit weh, diese Worte hören zu müssen. Kopfschüttelnd, ein mitleidvolles Lächeln auf den Lippen, verlies der Lehrer das Zimmer und ich saß da mit all meiner Hoffnungslosigkeit.

Nein, hier konnte ich nicht weiter bleiben. Jeder wird es bald wissen, dass ich zu dumm war ein Fass zu berechnen. Alle werden mit den Fingern auf mich zeigen und mich auslachen. Nein, das wollte ich nicht zulassen.

Tags darauf stand ich vor allen Anderen auf und machte mich auf den Weg. Mir war egal in welche Richtung er mich bringen würde!

Was war die Lebensweisheit die mir aus dieser Erfahrung gelehrt wurde?

Man kann noch so viel von sich überzeugt sein, es kommt der Tag an dem du an deine Grenze stößt.

Mit dem kann ich nicht mithalten. H. F. v. Münchenhausen

Mein Weg westwärts brachte mich in das Braunschweigsche-Land. Mittags erreichte ich das Örtchen Bodenwerder. Man erzählte sich, dort lebe ein Adeliger auf einem Gut, der Geschichten zum Besten gab.

Da ich ja ebenfalls gerne Geschichten erzählte, wurde
ich neugierig und machte mich auf, das Gut zu
finden. Einige Anwohner wiesen mir den Weg, und so
fand ich alsbald das Gut.

Ein elegant gekleideter, etwa vierzigjähriger,
freundlicher Hausherr in einer offenen
Leutnantuniform der russischen „Braunschweig-
Kürassiere" öffnete auf mein Klopfen und fragte nach
meinem Begehr.

Da mich die Uniform beeindruckt hatte, wollte ich
dem in Nichts nachstehen, und erklärte meinen
Besuch bei ihm im besten Latein, zu dem ich in der
Lage war.

Da mein Gegenüber aber nicht des lateinischen
mächtig war, versuchte er es mit der französischen
Sprache, da er wohl meinte, ich spräche kein deutsch.

Mein französisch war aber wiederum für eine

Verständigung nicht gut genug. So einigten wir uns

dann lachend auf die Sprache unserer Eltern, deutsch!

Vor dem Abendessen tauschten wir unsere ersten

„Erlebnisse" aus. Dabei fiel mir ein, dass ich diesem

Mann schon einmal in Venedig begegnet bin. Dass er

sich aber meiner nicht erinnern konnte, war ob der

vielen damaligen Anwesenden verständlich.

Unsere Freude beim zuhören und erzählen wollte bis

zum Abendessen dennoch kein Ende nehmen.

Später erklärte er mir, dass andere Mitmenschen

Lügengeschichten unter seinem Namen verbreiten, so

dass es ihm bald den Ruf als Lügenbaron eingebracht

hatte. Ich bin mir aber sicher, dass er sehr wohl der

Erfinder dieser Geschichten war, denn er gab

Erlebnisse zu Besten, die ihn später weltberühmt

werden ließen.

Gegen seine, hatten meine Erzählungen oft einen harmlosen Anschein. Ich merkte alsbald, dass ich mit meinen „Erlebnissen" da nicht mithalten konnte.

Doch so einfach wollte ich mich nicht geschlagen geben. Also erzählte ich ihm wie ich bei meiner Flucht vor dem Gefolge des Götz von Berlichingen mit meinem Rappen als einzigen Ausweg durch eine Kutsche, die meinen Weg kreuzte, springen musste.
Gott sei Dank besaß sie keine Türen.
So konnte ich seinerzeit meinen Verfolgern entkommen.

Auch wenn der Freiherr mir nicht so recht Glauben schenken wollte, bestand ich auf den Wahrheitsgehalt.

Am nächsten Abend war einer seiner berühmten
Erzählabende mit befreundeten Gästen. Das war einer
der lustigsten Abende erlebt habe. Bei dem natürlich
manches Glas des guten Weines geleert wurde, und
der folgende Vormittag für mich ein Vormittag wie in
der Hölle wurde.

Als es mir nach dem Mittagsmahl besser ging, verließ
ich dieses gastliche Haus und machte mich auf den
Weg in Richtung Rhein.

Erst wild dann mild, Hilde aus Bingen

Da der Weg zum Rhein doch sehr weit war, nahm ich
die Anstellung als 2. Kutscher auf einer der neuen
Postkutschen an. Natürlich hatte ich keine Ahnung,
wie eine Kutsche gesteuert wird, aber ich war
überzeugt, dass es wohl nicht allzu schwer sein

würde. Ich wollte dem Hauptkutscher ordentlich auf

die Finger schauen und dann sollte es schon klappen,

dachte ich.

Im Soestschen wurden die Pferde gewechselt und ich

sollte dann zur Weiterfahrt die Zügel übernehmen.

Auch einige Passagiere sollen mitgenommen werden.

Ein anmutig ausschauendes Frauenzimmerlein war

dabei. Sie wollte nach Bingen am Rhein. Ihr Name

war Hilde.

Ich übernahm die Zügel mit den Pferden vorne dran,

und wir setzten die Reise in Richtung Westen fort.

Die Kutscherei war für mich keine besorgniserregende

Arbeit, bis wir nördlich der Ruhr bei angebrochener

Dunkelheit, auf den Hellweg einbogen. Der Kutscher

hatte sich schon vor einiger Zeit schlafend

zurückgelegt, als der Himmel alle sein Tore öffnete. Es

setzte ein Regen und ein Sturm ein, als wollte der

Herrgott der Ruhr ein neues Bett bereiten. Dazu gewitterte es alle paar Sekunden mit Blitzen und Donnergetöse.

Die Pferde rutschten auf dem immer weicher werdenden Boden so oft aus, dass die Kutsche von einer Seite zur anderen schleuderte und wankte wie ein Dreimaster auf hoher See bei Windstärke 10. Der Kutscher, inzwischen war dieser aufgewacht, rief mir irgend etwas zu, das jedoch in den lauten Donnerschlägen des Gewitters unterging. Ich gab mir Mühe die Gäule zurückzuhalten, doch das Gewitter hatte sie dermaßen verängstigt, dass sie weder auf Zurufe noch das Ziehen der Zügel reagierten.

In einer Kurve kam es, wie es kommen musste. Die Kutsche neigte sich zur rechten Seite und fiel um. Der Kutscher und ich fanden uns, der Kutsche nachschauend, auf dem schlammigen Hellweg wieder.

Der nun einsetzende Widerstand der nicht mehr

rollenden Kutsche lies die Pferde schnell ermüden und

nach einigen zig Metern hielten sie erschöpft an.

Eine wild gestikulierende, laut schimpfende

Frauengestallt krabbelte aus der nun oben liegenden

Seitentür. Es war die vorher lieblich anzuschauende

Hilde. Hinter ihr kamen nach und nach die anderen

Fahrgäste zum Vorschein. Gottlob alle unverletzt, wie

es schien.

Aber die Hilde kam mit einem Schwall von Flüchen,

die sie in der Hölle aufgeschnappt haben musste, auf

uns losgestürmt wie eine Wilde. Immer weiter laut

schimpfend und mit einer drohenden Körperhaltung.

Ich glaubte ein Messer in Ihrer Hand zu sehen und

flüchtete hinter einen dicken Baum.

Der 1. Kutscher aber, war nicht schnell genug und

musste die ganze Wut der Hilde, die nun wilde, über

sich ergehen lassen. Was ich für ein Messer gehalten,

war aber nur ein Stock mit dem sie auf den Armen

einschlug.

Doch auch sie ermüdete bald und beruhigte sich

allmählich. So konnte der Kutscher zu den Pferden

eilen und diese beruhigen.

Ich wagte mich aus meinem Versteck hervor und

näherte mich vorsichtig der Hilde. Sie war erschöpft,

weinend auf einen Stein nieder gesunken.

Nun tat sie mir leid und ich legte ihr tröstend meinen

Umhang um.

Sie lächelte mich dankend an.

Aus einer wilden Furie, die scheinbar der Hölle

entsprungen war, wurde wieder die anmutig

anzuschauende Jungfer. Ich drückte sie beruhigend an

meine Brust und wir begaben uns zur Kutsche. Die

anderen Fahrgäste waren dabei sie wieder auf ihre

Räder zustellen. Mit dem Kutscher und mir sollte das auch nach einigen Versuchen gelingen. Als letzte stieg die Hilde ein, aber nicht ohne mir noch einen unvergessenen Kuss auf meinen überraschten Mund zu geben.

Deutlich vorsichtiger setzten wir dann unsere Reise fort. Im Raum Bockem erreichten wir dann mit ziemlicher Verspätung den Bachmanns-Hof. Dort war eine Übernachtung geplant.

Zu nächtlicher Stunde schlich sich die Hilde in mein Kämmerlein und wurde wieder die „ Wilde."

Bis wir dann endlich in Köln angekommen, ward so manche Übernachtung gar von Nöten.

Nie werde ich die wilde Hilde vergessen.

Später hörte ich, eine Hildegard von Bingen habe ein Kloster gegründet. Ich bin aber des Glaubens, dass es nicht meine wilde Hilde war. Obgleich sie auch sehr milde sein konnte. Wenn doch, dann sei die Frage erlaubt: Warum ein Kloster? Warum?

Johannes Gottfried Säume und die Bremer Stadtmusikanten

Wieder ´mal im norddeutschen angekommen wollte ich mich mit der wahren Geschichte der Bremer Stadtmusikanten an deren Quelle, also in Bremen, beschäftigen.

Ich konnte nicht glauben, dass vier Tiere diejenigen gewesen sein sollen, die ohne Noten ihre Melodien zum Besten gegeben haben sollen. Sie müssen dann doch mit Sicherheit häufig geübt haben. Das *wiederum sollte wohl dem Einen oder Anderen*

aufgefallen sein. Doch nie hat man davon gehört.

Aber die Musikanten hatten ja schließlich eine

Räuberbande vertrieben, vielleicht war es dann gut,

dass sie nicht eingeübt waren. So war ihr Vortrag für

die Räuber nicht auszuhalten gewesen und sie sollen

das Weite gesucht haben.

Mein Weg führte mich in die Nähe des Hafens und

ich wurde auf einen Tumult einer Gruppe von Bremer

Bürgern aufmerksam. Sie waren mit laufendem

Schritt dabei einem Zwangssoldaten bei seiner Flucht

zu helfen. Hilfreich wie ich nun 'mal bin, gesellte ich

mich zu den Helfenden. Je weiter wir uns vom Hafen

entfernten, umso weniger Bürger verblieben

schützend um den Soldaten und mir. Irgendwann

waren wir, so schien es, vom Hafen weit genug

entfernt und alleine.

Wir schauten uns suchend um und der junge Mann atmete dann erleichtert auf.

Er wollte nun von mir wissen wer ich war, da ich immer noch bei ihm war. Ich hatte aber noch kein Vertrauen zu ihm und nannte ihm einen falschen Namen.

Ich stellte mich als Claudius Dürer, den Bruder des berühmten Malers, vor. Es machte auf ihn aber keinerlei Eindruck.

Er erklärte mir, er sei zwei Jahre zuvor zum Dienst in der Armee gezwungen worden und vom Landgrafen von Hessen-Kassel an England für den Amerikanischen Unabhängigkeitskrieg vermietet worden. Heute sei er endlich wieder in Deutschland angekommen. Er sei nun geflohen, weil er kein Soldat sein wollte.

Er hatte also deutlich weitere Strecken zurückgelegt

auf seiner „Wanderschaft", als ich.

Sein Name war Johann Gottfried Säume. Jeder kennt

wohl den verkürzten, von ihm verfassten Vers aus

dem Gedicht „Die Gesänge":

Wo man singt, dort lass dich ruhig nieder,

böse Menschen haben keine Lieder.

Aber soweit war er damals noch nicht.

Wir suchten uns zunächst ein Versteck. Es bot sich im

Haus der Familie Bekenhus. Der Hausherr war ein

Pfarrer, und da Johann Gottfried vor seinem

Militärdienst Theologie studiert hatte, wurden wir

dort gerne aufgenommen.

In den nächsten Tagen lernten wir uns näher kennen

und ich erfuhr, dass es ein Traum von ihm sei eine

Wanderung nach Syrakus zu machen. Leider vergaß

ich zu fragen, wo denn dieses Syrakus eigentlich sei.

Hörte sich ziemlich griechisch an.

Da wir beide viel unterwegs waren, hatten wir viele

gemeinsame Gesprächsthemen. Eines davon betraf

unser wichtigstes „Handwerkszeug": Unsere Schuhe!

Ich war erstaunt, über wie viele Einzelheiten der

Schuhe man reden konnte. So tauschten wir unsere

Erfahrungen aus. Wenn es sich ergab erheiterte ich

ihn mit meinen Erlebnissen, wenn sie auch nicht

immer der Wahrheit entsprachen, so nahm er doch

fast alles als bahre Münze. Er war ja noch so jung!

Es gelang mir leicht ihn davon zu überzeugen, dass

ich in einem tiefen Winter, in Petersburg,

splitternackt vor den Palast der Kaiserin Katherina

die Grosse mit einem schwarzen Hengst geritten war.

Mein lautes Rufen hatte sie neugierig gemacht und

auf den Balkon treten lassen. Als sie mich sah,

schickte sie nach mir und empfing mich im Entree. Sie

wies einen Lakai an das Pferd zu den Ställen zu

bringen. Nun wollte sie aber von mir wissen, was ich

von ihr begehrte.

Statt einer Antwort stellte ich mich in meiner vollen

Größe vor sie hin.

Sie aber schmunzelte nur. Den Kopf schüttelnd

wandte sie sich ab und verließ den Raum. Ein Diener

brachte mir einen warmen Pelzmantel, und mit einem

gestrengen Blick, ohne jegliches Wort, öffnete er die

Eingangstür und deutete mir den Palast zu verlassen.

Den feurigen Hengst aber behielt die Katherina die

Große!!!!

Doch der Johann Gottfried Säume war noch zu jung

um zu verstehen, was ich mit dem letzten Satz

meinte.

Nach etwas mehr als einer Woche hatte war die Suche nach ihm aufgegeben worden und wir planten unsere Trennung.

Ich wollte mein ursprüngliches Vorhaben nun endlich in die Tat umsetzen und die Bremer-Stadtmusikanten überführen.

Doch wurde mir bei meinen Hinterfragungen von Bremer Bürgern allmählich klar, dass ich wohl einem Märchen auf den Leim gegangen war. In Märchen nimmt man es ja mit der Wahrheit nicht so genau!

Der Säume, so konnte ich Jahre später erfahren, hat seinen Traum von einem „Spaziergang" nach Sykarus tatsächlich in die Tat umgesetzt. Außerdem besuchte er Russland, Schweden und auch Finnland.

Der Zwiebelbaron Adrian Pauw

Von Bremen nach Holland, das war nicht weit und dort wollte ich immer schon hin. Dort sollte es so tolle Blumen aus Kleinasien geben. Der Volksmund nannte sie Tulpen.

Ich kam von Norden in das Land der Nederlandsken bis zur Herrlichkeit Heemste. In Flandern – Nordholland liegend. Der Besitzer des Schlosses dort war ein bekannter pensionierter Ratsherr, der reiche Adrian Pauw. Mir war bekannt geworden, dass er eine Sammlung von zwölf Zwiebeln einer seltenen Tulpensorte habe. Davon war eine 35 000 Gulden wert. Wenn man bedenkt, dass das durchschnittliche Jahreseinkommen eines Holländers 150 Gulden betrug, war das ein schöner Batzen Geld, den er da gelagert hatte.

Ob man sich wohl ein Exemplar beschaffen konnte?

Der Gedanke lies mich nicht mehr los.

Ich beschloss das Umfeld zu sondieren.

Erst einmal musste ich ins Haus. Auf dem Schlosshof
lief mir ein Stallbursche mit einem Pferd über den
Weg. Da dort die deutsche Sprache auch noch
gesprochen wurde, sprach ich ihn an:" Sag Bursch,
kann man hier einen Mann gebrauchen, der vieles
kann?" Er zuckte die Schultern und meinte, ich solle
zum Vogte gehen und fragen. Dabei zeigte er mit
einer Hand zu einem Haus neben dem Hauptgebäude.
Ich hob dankend den Arm und steuerte das Haus an.
Nachdem ich die Tür von innen geschlossen, führten
mich ein paar Stufen zu einem Tisch, an dem mich ein
streng anblickendes Mannsbild erwartete. Ich trug
mein Ansinnen vor, und natürlich übertrieb ich bei
meinen Fähigkeiten. Ich wollte ja im Herrenhaus tätig

werden. Nur so, glaubte ich, konnte ich den
Tulpenzwiebeln nahe sein.

Da zu meinen „Fähigkeiten" auch kochen gehörte,
konnte ich in der Küche als Helfer unterkommen.

Nach einigen Tagen der Einarbeit kannte ich mich mit
den Räumlichkeiten einigermaßen aus, und begann
mich nach den Zwiebeln zu erkundigen. Um keinen
Verdacht zu erregen, musste ich sehr vorsichtig sein.

Durch geschicktes fragen erreichte ich mein Ziel.

Die Teile meiner Begierde waren im Keller unter
Verschluss. Für das Vorhängeschloss, welches die Tür
zu dem Wertvollen, sicherte war schnell beim
Schmied ein Haken gebogen. Mit etwas Glück und
Geschick sollte es mir wohl gelingen, das Schloss zu
öffnen.

Ich musste nur noch einen günstigen Zeitpunkt
abwarten. Der sollte sich einige Tage später ergeben.

Es war eine Feier geplant, weil die Hausherrin bald

Geburtstag hatte. Für uns Dienstpersonal ging es bei

den Vorbereitungen hoch her. Es herrschte selbst in

den Kellergewölben ein reges Treiben. Ich nutze einen

günstigen Moment um in den Raum mit den

Zwiebeln zu kommen. Da der Raum ein Fenster

besaß, konnte ich mich gut umsehen.

Ein kleiner unscheinbarer Korb war bald gefunden.

Zwölf Zwiebeln lagen dort fein säuberlich trocken

neben einander. Schnell verschwand eine in meiner

Hosentasche.

Als ich mich aber umdrehte um den Raum zu

verlassen, stand der Adrian Pauw in voller Größe vor

mir.

Mich durchfuhr ein eisiger Schrecken und ich sah

mich schon im Kerker bei Wasser und Brot.

Er schoss eine Schimpfkanone auf mich ab, die ich in solch einer schlimmen Form noch nie gehört hatte, geschweige denn über mich habe ergehen lassen müssen. Bevor er den Gandarm rufen werde, wollte er noch Gnade vor Recht wallten lassen. Wenn ich ihm die Zwiebel für achtzig Gulden abkaufen würde, ließe er mich auf Nimmerwiedersehen gehen.

Es würde mich fast alle meine Ersparnisse kosten, aber ich konnte mein Glück kaum fassen und stimmte zu. In meiner Kammer übergab ich ihm das Geld, packte mein Bündel und verließ das Schloss Heemste schnellen Schrittes.

Auf diesen Schreck wollte ich mir erst ein Beruhigungsbier genehmigen.

Dem Wirt zeigte ich meine wertvolle Zwiebel und fragte ihn was ich wohl dafür bekommen könnte und wo denn eine Tulpenbörse sei. Neugierig schaute er

sich das Prunkstück an und verfiel in lautes
Gelächter.

Als er mein erstauntes Gesicht sah, meinte er nur, ich
sei etwa zwölf Monate zu spät gekommen. Der
Tulpenhandel war vor einem Jahrt zusammen=
gebrochen. Tulpenzwiebeln seien nun so gut wie
nichts mehr wert. Ich sollte sie einpflanzen und mich
später dann an ihrer Farbe erfreuen. Dann hätte ich
wenigsten etwas davon. Lohnendes Geld bekäme ich
sicherlich nicht mehr dafür.

Das Bier schmeckte plötzlich sehr, sehr fade und mir
wurde übel bei dem Gedanken, dass ich fasst mein
ganzes Erspartes für eine wertlose Zwiebel gegeben
hatte.

Nun verstand ich, warum der Adrian Pauw mir den
Kauf vorgeschlagen hatte. So hatte er einen Dummen

gefunden, der ihm für Müll achtzig Gulden gegeben hatte.

Aber ich war an meiner Situation selber Schuld.

Wenn man eigentlich ehrlich ist, sollte man die Finger von schmutzigen Geschäften lassen.

Das geht nie gut.

Recht geschah mir!!!!

Till, mit Intelligenz und einem Spiegel für die Hoheiten

Wieder auf deutschem Boden weckte eine neue

männliche Persönlichkeit meine Aufmerksamkeit.

Till Eulenspiegeln wurde er gerufen.

Er sollte im niedersächsischem Örtchen Cletlinge

(später: Kneitlingen) leben.

Kein Mensch schien aber zu wissen, wo dieser

vermaledeite Ort liegen mochte. Niedersachsen war

schon damals sehr, sehr groß. Erst als ich den Namen

der von mir gesuchten Person nannte, konnte mir ein

Ratsmann in Braunschweig helfen meinen Weg zu

finden.

In dem Ort angekommen versuchte ich den Thile van

Cletlinge, wie der Till eigentlich wirklich hieß, zu

finden. Der Name verhieß ein Adelsgeschlecht. Als ich

aber vor dem Hause stand, war mir klar: Es konnte

nur verarmter Adel sein!

Ein älterer Mann wohl um die Fünfzig Jahre alt

öffnete auf mein Klopfen die Tür zu seinem Heim.

Er bejahte meine Frage, ob er der Gesuchte sei.

Ich erklärte im, dass ich seinem Rufe folgend nun vor

ihm stehe und mich sein Leben interessiere.

Er lächelte und lud mich ein sein Haus zu betreten.

Bei einem Humpen weißen Rotwein konnte ich ihm

endlich fragen, warum ihn die Welt Till

Eulenspiegeln nannte. Er fragte ob ich an des Hauses

Mauer denn nicht die Abbildungen einer Eule und

einem Handspiegel gesehen hatte. Ich konnte da nur

verneinend den Kopf schütteln. Till erklärte mir, dass

daraus früher das Familienwappen bestand, welches

aber schon seit seiner Jugend nicht mehr genutzt

wird. Er habe dennoch die Symbole für sich und sein

Wirken erkoren. Denn in der griechischen Vorzeit sei

die Eule als Zeichen für Weisheit und Klugheit

gestanden, und da es ebenso lange schon die Tradition

gäbe, sich selbst, den Hoheiten und anderen

Menschen den Spiegel vorzuhalten, um zu erkennen

wer man wirklich ist, tat er das wieder gerne aufs neue. Aber immer mit seinem Intellekt und eigenem Humor.

Ich bat ihn mir doch einige seiner Erlebnisse zu erzählen, doch meinte er, es sei zu lange her, dass er sich noch an Einzelheiten erinnere. Aber ich möge ihn doch mit einer meiner Geschichten erheitern.

Ich überlegte einige Minuten und erzählte ihm „mein Erlebnis", welches ich vermeintlich einige Monate zuvor im hessischen Marburg hatte.

„Ich wohnte damals unterhalb der Burg, in der Nähe des Marktplatzes. Ich war im Schloss des Landgrafen Otto I. als Pferdeknecht beschäftigt. Eines Tages sollte eine Jagd zu Pferde mit einer großen hochherrschaftlichen Reiterschar stattfinden, und ich wurde erkoren des Grafen Pferd vorzubereiten. Der Sattel musste glänzen wie ein Spiegel, eine Decke in leuchteten Farben wurde ausgesucht und die Zügel sollten geschmeidig wie das Haar einer Elfe sein. All das war mir gelungen herzurichten. Stolz präsentierte ich dem Landgrafen am Tag der Jagd im Burghof sein Pferd. Da er nicht mehr der jüngste war, half ich ihm mit einer „Räuberleiter" in den Sattel. Er lächelte mir dankbar zu. Die gesamte Gesellschaft war schon aufgesessen und der Burgherr gab das Zeichen zum Aufbruch. Ein Trompeter blies in die Posaune, so dass der Rappe des Landgrafen scheute und mit den Vorderläufen in die Höhe stieg. Just in dem Moment befand sich das Ross nebst Reiter nah an der Ecke, in der Mist gelagert war. Zu allem Unglück verlor der Graf den Halt und fiel rücklings in den Mist. Wütend schnaufend rappelte er sich auf. Seine wunderschöne Jagduniform sah dem entsprechend aus und genauso roch sie auch. Als ich dann aber sah, dass sich der

Sattel ebenfalls im Mist befand, dachte ich, mich träfe

Blitz und Donner zugleich. Ich hatte in all der

Aufregung vergessen den Sattelgurt fest zuziehen. Da

ich dem Graf in den Sattel geholfen hatte, ist es vorher

nicht aufgefallen. Aber als das Pferd scheute.........!

Die feine Jagdgesellschaft amüsierte sich natürlich

schadenfroh hinter vorgehaltenen Händen.

Der Graf hielt wütend bei der Dienerschaft Ausschau

nach dem Schuldigen. Alle zeigten mit den Fingern

auf mich. Ich war erstaunt, dass man mich sah, denn

war ich doch überzeugt, schon lange im Boden

versunken zu sein. Aber bei dem mit Felsen

gepflasterten Hof konnte das nicht gelingen.

Mir bösen Schritten stampfte der Landgraf auf mich

zu, packte meinen Gürtel und schleuderte mich im

hohen Bogen auf den Misthaufen. Ich rollte daraufhin

auf das Pflaster hinab. Wie ich armer Wicht danach

aussah kann man sich wohl denken. Natürlich hatte
der Schlossherr alle Lacher auf seiner Seite.

So hatte er sich aus der Blamage gerettet, ich aber
musste mich trollen um meinen Körper zu reinigen
und die Kleidung wechseln. Darin hatten der
Landgraf und ich eines gemeinsam.

Er konnte dort natürlich wohnen bleiben. Ich aber
konnte mich von dem Schloss verabschieden und
wieder einmal auf Wanderschaft gehen."

Natürlich hatte auch den Till meine Blamage
amüsiert.

Was er aber nicht wusste war, dass ich nie in
Marburg gewesen war.

Dass er aber keinen seiner Streiche zum Besten gab,
hatte mich sehr enttäuscht. Ich war leider etliche Jahre
zu spät gekommen.

Ich kam dennoch nicht an einem gut gemeinten
Ratschlag von ihm vorbei:

„Wer Mist macht, darf sich nicht wundern, wenn er
auf dem Haufen landet."

Wie mir später zu Ohren kam, soll er kurz nach
meinem Besuch verstorben sein.

Ich hoffte nur, dass meine Marburg-Geschichte nicht
die Ursache für sein Ableben gewesen war.

Der Immanuel, so hat ihn keiner gekannt

Eines schlechten Herbsttages kam ich auf die dumme
Idee nach Königsberg zu wollen. Bis heute ist mir
nicht klar, welcher Teufel mich da geritten hatte. Als
wenn das Wetter in Mecklenburg, wo ich mich gerade
aufhielt, nicht schon schlecht genug war.

Aber der Name Königsberg beinhaltete soviel Glanz
und Gloria, und wenn das Wetter schon schlecht war,
so wollte ich wenigstens in einer viel versprechenden
Stadt sein!

Unterwegs machte ich einige Tage Station auf dem
Gut des Majors Friedrich von Hülsen in der Nähe
von Mohrungen. Wie immer konnte ich mir dort mit
meiner Hände Arbeit eine Obdach und meine tägliche
Nahrung verdienen.

Dort ward auch der Hauslehrer der Familie von
Hülsen untergebracht. Sein Name war Immanuel
Kannt. Oft kreuzten sich unsere Wege auf dem Hof
des Gutes, und wir lächelten uns grüssend zu.

Eines Tages kamen wir ins Gespräch und merkten,
dass wir gut miteinander konnten.

Als ich ihm sagte, dass ich eigentlich auf dem Weg
nach Königsberg sei, machte er mir einen Vorschlag.

Da er täglich die Abberufung zu einer Lehrerstelle auf

das Schloss Waldburg-Caspustigall, welches in der

Nähe meines Zielortes lag, erwartete, könnten wir uns

doch gemeinsam auf den Weg machen. Er würde auch

die Kosten für die Fahrt mit der Kutsche übernehmen.

Das zu hören, erfreute nicht nur mein Herz, sondern

auch meinen leeren Geldbeutel und den ganzen

Körper.

Nach einigen Tagen war es dann endlich so weit.

Da die Fahrt mindestens 3 Tage dauern sollte, waren

zwei Übernachtungen in den Herbergen der

Poststationen geplant. Unterwegs merkte ich schon

bald, dass der nette Immanuel gar nicht so ein Lieber

war, wie ich ihn kannte. Ständig legte er sich mit den

Mitreisenden an. Er war rechthaberisch, arrogant und

beschimpfte den Kutscher bei den geringsten

Kleinigkeiten. Der ach so gebildete Denker und

Philosoph entpuppte sich abends in der Wirtsstätte
der Herberge, nach einigen Humpen Wein, als rechter
Raufbold. Einige Male musste er mit Gewalt von
seinen Gegnern gelöst werden. Bald war es der Wirt,
der ihn aus der Schänke verwies und ihn geschultert
in sein Zimmer brachte. Dieses schloss er dann von
außen ab und gab mir den Schlüssel.

Als auch für mich die Zeit der Bettruhe gekommen
war, schaute ich noch in das Zimmer des Herren
Kannt. Da lag er nun volltrunken auf dem Boden der
Stube und schnarchte wie eine Rotte Wildschweine.
Ich steckte noch seinen Zimmerschlüssel ins Schloss
und suchte meinerseits mein Lager auf.

Tags darauf tauchte mein Wegbegleiter schuldbewust
dreinschauend bei der Frühstücksrunde auf. Er
entschuldigte sich bei den Wirtsleuten und uns, ob
seines abendlichen Verhaltens.

Während der Fahrt verhielt er sich erstaunlich ruhig.

Ich atmete entspannt auf, als allen klar wurde, dass

diese Fahrt ruhig verlaufen würde.

Leider verlief der Abend nach wieder einmal einigen

Flaschen Wein erneut mit Raufereien seitens

Immaunel.

Nur brachte ich ihn dieses Mal auf sein Zimmer und

blieb selber weiter der Schänke fern.

Nein , bei allem was Recht war, mit diesem Lehrer der

Sittsamkeit und guten Manieren wollte ich keinen

weiteren Tag mehr zusammen sein. Ich beschloss am

frühen Morgen die letzte Etappe wieder auf

„Schusters Rappen" nach Königsberg zu gehen.

Nach etwas mehr als 2 Tagen erreichte ich endlich

Königsberg und musste an den gebildeten Schläger

Immanuel denken.

Ob er wohl noch lebte? Einer Sache war ich mir ganz

sicher. Machte er so weiter, würde er nicht alt.

Ich sollte Recht behalten.

Er starb mit fast Achtzig Jahren.

Justine Siegesmund, die mit den goldenen Händen

Königsberg war ja schön und gut, aber wenn man

kaum Geld in der Tasche hatte, und davon gab es in

dieser schönen Stadt mehr als genug, war das Leben

für mich schwieriger als auf dem Land.

Es waren dort viele Studenten, die sich mit allerlei

Schreibarbeiten oder sonstigen Tätigkeiten ihren

Lebensunterhalt verdienten.

Auch handwerklich begabte gab es dort zu Genüge.

Somit war es für mich scheinbar unmöglich meine

leeren Taschen mit ein paar Geldstücken zu füllen.

Also machte ich mich nach einigen Tagen wieder auf

den Weg. Gen Westen zog es mich. Wittenberg war

mein Ziel. Dort trieb ein Martin Lutter sein

Unwesen. Den wollt ich kennen lernen.

Eine wochenlange Wanderung lag nun vor mir.

Die Strecke war ereignisarm, bis ich in den Ort

Liegnitz kam.

Dort saß ich schon eine geraume Zeit auf einer

Parkbank. Eine nett anzuschauende Frau fragte, ob

neben mir auf der Bank noch Platz für sie sei.

Nicht nur weil es die einzige Bank im Park war, lud

ich sie ein, sich neben mich zu setzten. Schnell

entfernte ich den Staub von der Sitzfläche mit dem hastig aus der Hose gezerrtem Taschentuch.

Dankbar lächelnd nahm sie Platz. Sie stellte sich als Justine Siegesmund vor, das Eheweib des Christian Siegesmund.

Bald begannen wir ein unterhaltsames Gespräch. Als sie aber begann von ihrer Beruflichkeit zu erzählen, wurde ich neugierig.

Ich hatte mir noch nie über diese Art der Arbeit vorher Gedanken gemacht.

Wehemutter sei ihr Beruf.

Ich schaute sie wohl fragend an, sie half Kinder auf die Welt zu kommen. Sogar ein Lehrbuch für andere Geburtshelferin habe sie geschrieben. Leider habe sie es aber noch nicht veröffentlichen können.

Mir fiel dabei ein, dass ich ja den Buchdrucker

Guhtenberg kennen gelernt hatte. Na gut, wir gingen

im Streit auseinander, aber wenn ein so wichtiges

Buch nach einer Veröffentlichung schreit, kann man

schon dem Drucker entgegen treten. Zumal es ja nicht

um mich ging, sondern hilfreich für alle Frauen dieser

Welt werden konnte.

Ich fragte, ob ich mir eine Vervielfältigung

abschreiben dürfte um es dem Meister Guhtenberg

zum Drucke vorzulegen. Freudig, wenn auch

zweifelnd stimmte sie zu.. Ich sagte ihr, dass es aber

lange Zeit dauern kann. Sie war einverstanden.

Als ich ihr meinen Wunsch vortrug, ihr bei der Arbeit

zusehen zu dürfen, erlaubte sie es. Natürlich müsse

sie aber die werdenden Eltern vorher um ihre

Zustimmung bitte. Aber wenn sie mich als

angehenden Medicus ausgeben würde, dürfte es kein Problem geben.

Es träfe sich auch gut, denn in zwei Tagen steht eine Geburt bei der Zimmermannsfamilie Klüper an.

Da ich ja ihren Buchtext abschreiben wollte, könnte ich ja am nächsten Tag in das Haus ihres Mannes kommen.

Sie gab mir ihre Adresse an, zu der ich dann am anderen Tag kommen sollte.

Ich traf am frühen Vormittag bei den Siegesmundes ein und benötigte beinahe den ganzen Tag für den Text. Ein paar Anweisungen und den notwendigen Kittel wollte mir Justine anderen Tags geben.

In der Nacht machte ich mir vor dem Einschlafen manchen Gedanken über die auf mich zukommende neue Erfahrung.

Wie die meisten Männer hatte ich natürlich noch nie eine Geburt gesehen. Von dem was mich erwartete hatte ich nicht die leiseste Ahnung.

Als ich am nächsten Tag am Hause Siegesmund eintraf, klopfte ich an deren Haustür.

Die Justine kam heraus und wir machten uns schnellen Schrittes auf zum Geburtshaus.

Unterwegs gab sie mir bestimmte Verhaltensregeln.

Das Beste würde sein, wenn ich keine Fragen stellte.

Meine Hilfe sollte sich nur, im Hintergrund haltend, auf's Zuschauen beschränken. Sie holte den unabdingbaren Kittel aus ihrem Korb, in dem sich auch ihre eventuell notwendigen Gerätschaften zur Geburt befanden.

Keine Minute zu früh erreichten wir das Haus der Klüper. Alles war schon vorbereitet. Die Begrüßung ging in der herrschenden Aufregung unter.

Der werdende Vater zeigte uns das Schlafzimmer in dem sein Weib sich in Schmerzen wund.

Justine wusch sich schnell die Hände und schon ging es los.

Kaum war ein blutiges, mit Haaren bedecktes Etwas zu sehen, verdrehte ich die Augen, und vor denselben wurde mir schwarz.

Dass ich zu Boden gesunken war, habe ich schon nicht mehr mitbekommen.

Als ich mich dann nach gefühlten zwei Sekunden wieder aufrappelte, wollte ich verstört wissen, wie es nun weiter geht.

Es sollte auf keinen Fall durch mich eine Verzögerung bei der Geburt geben.

Ich sah mich um, und erkannte, dass die Anwesenden mich anlächelten.

Der Vater, die zwei Kinder und die Justine wiesen mich an, zum Bette zu schauen.

Was ich sah, setzte mich in höchstes Erstaunen.

Dort lag glücklich dreinschauend die Mutter mit einem kleinen, ziemlich verschrumpeltem, aber dennoch süßem Säugling in den Armen.

Ich konnte es nicht fassen, dass ich die gesamte Geburt „verschlafen" hatte.

So war meine erste, einzige und somit letzte fremde Geburt an der ich teilgenommen, meiner Weiterbildung nicht förderlich.

Später vor dem Geburtshaus verabschiedete sich die spätere Hof-Hebamme von mir mit den tröstenden Worten:

"Nun hast du schon zwei Geburten erlebt, und an keine kannst du dich erinnern. Doch du bist nicht der erste und nicht der letzte Mann dem das passiert ist."

Der Lutter war nicht da, ab zu Bauer Hülsmann und seine Kohle

Nach einigen Tagen hatte ich meine Schmach bei der Geburt überstanden und stand vor den Toren von Wittenberg.

Meine Suche nach dem Martin Lutter wurde arg

enttäuscht. Zu meinem Verdruss musste ich der

Nachricht kundig werden, dass er zur Zeit nicht in

der Stadt weilte, und wann er zurück kommen würde,

konnte mir keiner sagen.

Was sollte ich machen?

In Köln am Rhein wartete schon seit Wochen eine

Anstellung bei dem Meister Gerhart als Bauhelfer.

Es wurde dort beim Dombau immer ein guter, fähiger

Mann gebraucht.

Für den weiten Weg konnte ich wieder einmal eine

Kutschfahrt mit meinem Einsatz als Kutscher

gestallten. Hatte ich doch schon eine

Hilfskutscherfahrt mit Blitz und Donner mit Bravour

überstanden.

Auch dieses Mal führte uns die Stecke in das Gebiet

des Flusses namens Ruhr.

Unweit der markschen Burg Blankenstein, bei Hattingen, mussten wir wegen eines größeren Schadens an der Kutsche, eine mehrere Tage dauernde Zwangspause einlegen.

Ich nutze die Zeit um mich in der Gegend umzuschauen.

So lernte ich den Bauer Hülsmann kennen.

Er erzählte mir, dass er es gewesen sei, der in jungen Jahren die erste Kohle an der Ruhr gefunden habe. Natürlich wollte ich wissen, wie sich dieser Fund ereignet hatte.

Er erzählte: "An einem kalten Novembertag hütete ich als junger Bauersohn unsere Schweine auf einer Wiese. Da mir kalt geworden, entfachte ich ein Feuer mit trockenem Reisig.

Damit der Wind es nicht verwehte legte ich gesammelte Steine um die Flammen. So konnte ich mich etwas erwärmen.

Zum Abend löschte ich das Feuer. Als ich anderentags wieder zu der Stelle kam, waren diese Steine immer noch heiß.

Ich nahm dieses Mal abends die Steine mit zum Hof und zeigte sie meinem Vater. Der erkannte sofort, dass damit gut die Stube geheizt werden konnte.

Von nun an musste ich abends immer gesammelte schwarze Steine für eine warme Kate mitbringen."

Warum die Steine Kohlen genannt wurden, wusste er aber nicht zu sagen.

Ich schaute mich in seiner „Kohlenecke" um und sah einen Haufen schwarzen Kohlenstaub.

Auf meine Frage, was sie denn damit machen, zuckte er viel sagend die Schultern.

Sofort war mein schlummernder Erfindergeist erweckt.

Ich schlug ihm vor diesen Staub mit einer Mehlpampe zu mischen und in Laibe zu formen. Wenn diese dann getrocknet sind, könnte man sie als zusätzliche Heizquelle verwenden.

So sind diese Brennmittel entstanden, die später Briketts genannt wurden. Warum Briketts? Das konnte ich nie in Erfahrung bringen.

Bevor unsere Kutschfahrt übernächsten Tag weiter ging, fragte ich den Bauer Hülsmann, wie sich denn meine „Erfindung" bewährt hatte.

Er war hellauf begeistert!!!

So konnte ich mit stolzgeschwellter Brust den Pferden die Peitsche geben und wir setzten unsere Fahrt gen Köln am Rhein fort.

Meister Gerhardt, der Chef am Bau

Als ich endlich in Köln am schönen Rhein

angekommen, war der Tag schon fast vergangen. So

blieb mir nur noch Zeit eine Unterkunft zu suchen.

Das Wetter war nicht angetan im Freien zu

übernachten. Außerdem benötigte meine Haut

unbedingt eine Reinigung, denn am nächsten Tag

wollte ich mich dem Meister Gerhard an der Baustelle

des Kölner Doms vorstellen.

Das morgendliche Glockengeläut von der nahe

gelegenen Kirche St. Kunibert holte mich aus meinen

Träumen und rief mich in die Wirklichkeit zurück.

Nach einer „Katzenwäsche" machte ich mich ohne

etwas gegessen zu haben auf den Weg zur

Dombaustelle.

Dort angekommen versuchte ich den Meister zu erkennen. Bei dem lebhaften und arbeitsamen Treiben war das aber ein unmögliches Unterfangen. Also fragte ich mich bei den Handwerkern durch.

Endlich stand ich vor dem Gesuchten. Er stand über eine Zeichnung gebeugt und in Gedanken versunken, als ich ihm auf die Schulter tippend von meiner Anwesenheit in Kenntnis setzte.

Erstaunt drehte er sich zu mir um und sah mich fragend an. Ich stellte mich vor und zeigte ihm mein Anstellungsschreiben. Er las und nickte dann verstehend. Sogleich unterzog er mich einem Test.

Ich sollte mir die Zeichnung anschauen und ihm sagen was ich dort erkannte.

Eigentlich sah ich nur Striche und Bögen an denen Zahlen standen, aber ich war ja phantasiereich genug, *das nicht zuzugeben. Ich erzähle ihm etwas von*

Grundriss, Mauerstärke und Bogendurchmesser.

Anscheinend hatte ihm das genügt, vielleicht sogar

beeindruckt. Er deutete mir an seiner Seite zubleiben,

denn wir würden einen Rundgang auf der Baustelle

machen. Ich war irritiert ob seines Verhaltens. Hatte

ich doch damit gerechnet, dass er mich zu irgend einer

Handwerkertruppe schicken würde.

Aber nein, er zeigte mir in groben Zügen die

Baustelle. Als wir wieder am Ausgangspunkt

angekommen waren, sah er wohl meinen fragenden

Gesichtsausdruck.

Schmunzelnd lies er mich wissen, dass er ein

geschicktes Schlitzohr an seiner Seite benötigte.

Dabei tippte er viel sagend auf die mittlerweile

zusammengerollte Zeichnung. Er hatte meine

Möglichkeiten wohl erkannt.

Meine Aufgabe sollte sein, ihm Wege ab zu nehmen.

Es gab oft genug Situationen bei denen seine Anwesenheit durch mich ersetzt werden konnte.

Den ersten Arbeitstag beendete ich mit einigen Stunden Einweisung in das Lesen von Zeichnungen.

Meister Gerhard war ein geduldiger Lehrer und ich ein wissbegieriger Schüler.

Die nächsten Tage waren für mich lehrreich und machten mir viel Freude, weil sie sehr abwechslungs= reich waren. Ich lernte die verschiedensten Bereiche dieser riesigen Baustelle kennen. So war ich vom Meister Gerhart beeindruckt, dass er alle Details des Dombaus im Kopf hatte.

Die Monate gingen ins Land und der Bau des Domes machte rasche Fortschritte.

Doch dann kam der Tag im April 1271 an dem selbst die Engel Trauer trugen.

Meister Gerhardt war bei einem nächtlichen

Kontrollgang vom Gerüst zu Tode gestürzt.

Im nachhinein mehrten sich die Stimmen, die

behaupteten, dass es nicht mit rechten Dingen bei

diesem Todessturz zugegangen sein soll.

Da sich die wesendlichen Einzelheiten des Baus beim

Meister im Kopf befanden, wurden die Arbeiten für

lange Zeit eingestellt.

Für mich bedeutete das allerdings, ich musste mir eine

neue Anstellung suchen.

Da ich mir bei meine Arbeit Gott sei Dank etliche

Taler zur Seite legen konnte, wollte ich mir aber die

kommenden Frühlingsmonate ein sonniges Leben

machen.

Wer konnte wissen, wie lange das Leben es mit mir

noch so gut meinen würde.

Heinerich von Hören wollte einfach nicht hören, doch Hans Adam I. war freundlich

Ich hatte mir nun vorgenommen mich wieder auf den

Weg nach Süden zu begeben. Italien war ein

verlockendes Ziel, denn dort wäre das Leben um ein

tausendfaches leichter, als in dem gestrengen

Deutschland, so hörte ich von einem Reisenden in

einem Gasthof.

Aber Italien, das wusste ich, war verdammt weit

entfernt. Wollte ich es noch im selben Jahr erreichen,

möglichst noch im Sommer, blieb mir nichts anderes

übrig als doch wieder zu arbeiten. Und zwar auf

einem Schiff, welches den Rhein aufwärts fuhr.

Da ich nicht erneut auf einem Schiff kochen wollte

bewarb ich mich um einen Dienst der den

mitfahrenden Passagieren den Aufenthalt während der langwierigen Fahrt vergnüglicher machen sollte.

Da ich damals, als ich mit Walter von der Vogelweide auch das Spielen mit der Laute erlernt hatte, war es willkommen, dass einer der Schifffahrtsleute eben solch ein Instrument besaß. Dies konnte ich mir für meine Tätigkeit borgen und meinen Gesang damit begleiten. Da ich aber ein schlechter Sänger war und immer noch bin, konnten aber meine lustigen Liedertexte die Zuhörer gut unterhalten. Was mir von Walter noch im Kopf war, bildete immer den Höhepunkt meiner Vorträge.

Leider musste ich aber auch noch niedrige Arbeiten machen. So gehörten auch anfallende Reinigungs= arbeiten zu meinen Tätigkeiten.

Gott sei Dank war ich nicht alleine bei der Arbeit. Ein anderer junger Mann war schon seit Holland an

Bord. Auch er war froh, nicht mehr diese Schufterei alleine machen zu müssen.

Heinrich hieß er. Heinerich von Hören, ein Sohn des Otto von Hören, der in Bünde in Westfalen als Stadtvogt seinen Sitz hatte. Doch eine Liebe zu einer „bürgerlichen" war für den adeligen Vater ein unverzeihliches Vergehen.

So wurde er des heimischen Gutes verwiesen. Er und seine große Liebe lebten daraufhin einige Jahre in Holland. Leider brach diese Zweisamkeit entzwei. Nun war er wie ich auf den Weg nach Süden. Sein Ziel war ebenfalls Italien.

In Constanz wurden die sieben Pferde, welche uns die ganze Zeit tagsüber gezogen haben, von ihrer Mühe befreit. Auf dem Bodensee konnte das Segel gesetzt werden und einige Stunden später waren wir in

Bregenz. Nun mussten wir den richtigen Weg über

die Alpen finden. Aber fragen war immer schon eine

meiner leichteren Übungen.

Bald hatten Heinrich und ich die rechte Wegstrecke in

Erfahrung bringen können.

Zunächst führte uns der Weg durch das neu

gegründete Fürstentum Liechtenstein.

Die Namensgebung entsprang dem Besitzer von der

Grafschaft Vaduz und der Herrschaft Schellenberg. Es

war der Fürst Hans Adam I. von Liechtenstein.

Seinen Besitzungen waren erst vor einigen Tagen

von Kaiser Karl VI. zu dem Reichsfürstentum

Liechtenstein erhoben.

Als wir endlich abends müde und zerschunden in

Vaduz angekommen waren, sahen wir eine

bundgeschmückte Stadt vor uns. Die Einwohner

feierten schon seit Tagen die Gründung des

Fürstentums. Alle waren lustig und frohen Herzens.

Schnell fanden wir eine Übernachtungsmöglichkeit in

einer Herberge nahe des Marktplatzes.

In einer Schänke wollten wir dann gemeinsam den

Abend verbringen und an dem tollen Treiben

teilhaben.

Nach einigen Humpen des Bieres, setzte bei dem

jungen Heinerich eine Anziehung zur holden

Weiblichkeit ein. Er hatte auch schnell eine

Herzensdame im Blick. Mir schien sie aber nicht für

ihn geeignet. Sie machte mir einen zu verschlagenen

Eindruck. Als der ältere von uns Beiden riet ich ihm

von einem Tät a Tät mit ihr ab. Doch er winkte nur

ab. Er wollte nicht hören. Ich versuchte es noch zwei

Mal, dann gab ich auf.

Irgendwann saß ich dann alleine am Tisch und hielt

vergebens Ausschau nach dem Pärchen.

Als die Zeit gekommen war, der Müdigkeit

nachzugeben, schwankte ich zur Herberge und suchte

mein Nachtlager auf.

Am späten Morgen wachte ich auf und sah meinen

Heinerich von Hören laut schnarchend auf seiner

Liege. Es machte mir eine hinterlistige Freude ihn zu

wecken. Murrend machte er endlich doch seine Augen

auf und quälte sich auf.

Auf meine Frage, wie es ihm denn ergangen war mir

dem Frauenzimmer, kam wieder grinsend Leben in

ihn. Er hob seine, in der Nacht hingeworfene, Jacke

vom Boden auf. Um sie etwas zu säubern, klopfte er

sie ab und hielt plötzlich dabei inne.

Fasst panisch durchsuchte er die Taschen, was in

einem lauten, fluchenden Aufschrei endete.

Sein gestern gut gefüllter Geldbeutel war

verschwunden.

Der neue Besitzer war nun wohl eine Frau!

Ich verkniff mir den Satz:" Ich habe Dich ja gewarnt.

Aber Du wolltest ja nicht hören." Aber ein

schadenfrohes Grinsen konnte ich mir nicht

verkneifen.

Als er dies sah schmiss er mir die Jacke an den Kopf

und setzte sich resigniert auf einen Hocker. Ich konnte

ihn beruhigen, als ich ihm sagte, dass ich seine

Übernachtung bezahlen würde.

Da er nun ohne eine Münze war, konnte er mich auf

meiner Reise nach Italien nicht weite begleiten. Er

musste erst arbeiten um Geld zu haben. Wir wollten

versuchen uns später in Mailand zu treffen.

Älter werden ist ja nicht immer schön, aber manches

Mal kann es einen doch vor Enttäuschungen

schützen. So machte ich mich wieder alleine auf den Weg, welcher mich nah an der Burg Gutenberg vorbei führte

Dabei hatte ich das Glück einen weiteren Adeligen zu sehen. Der Fürst Hans Adam von Liechtenstein I. in einer offenen Kutsche sitzend begegnete mir, mit einem Gefolge. Artig machte ich eine ehrenvolle Verbeugung. Aber nur so weit, dass ich ihn mir gleichzeitig anschauen konnte. Es war ein dicklicher Mann mit einem runden Gesicht und einer schulterlangen Perücke auf dem Kopf. Sein Alter schätzte ich so auf Mitte Dreißig. Zu meinem Erstaunen hob dankend und grüßend die rechte Hand und lächelte mir zu.

Liechtensteiner sind sehr freundliche Menschen!

Francesico Forza und seine Stadt

Von Vaduz ging ich durch das Schweizer Land

beschwingt meinem Ziel Italien entgegen.

Es war für mich überwältigend von meinem Weg im

Tal zu meinen Seite die riesig erscheinenden Berge zu

sehen. Ich kam mir dabei winzig wie eine Ameise vor.

Nach zwei Tagen erreichte ich die Ortschaft Chur.

Eine Dreitagefahrt mit einer dieser Postkutschen, die

nach Mailand fuhren, konnte ich mir für eine kleine

Bezahlung leisten.

Es ging nur einmal über einen Pass der aber nicht

allzu hoch gelegen war. So konnte ich die meiste Zeit

den imposanten Anblick der Berge genießen.

Obwohl die Kutschfahrt angenehmer war als mit

meinem „Bündel" zu Fuß unterwegs zu sein, war ich

dennoch froh, dass die Schüttelei in Mailand

angekommen, ein Ende fand. Es war mittlerweile

Ende Mai geworden.

Das Wetter zeigte sich von seiner sonnigsten Seite.

Ich war wahrlich „ im Mai in Mailand!"

Aber solch ein Wortspiel geht nur mit der deutschen

Sprache.

In Italien nennt man den Ort Milano.

Bei meiner Suche nach einer Unterkunft kam ich an

einem herrlichen Palast vorbei. Einen gerade

ankommenden Sargbauer fragte ich, in einer Sprache

aus einem Gemisch von Latein, französisch und

etwas italienisch, wer denn hier der Hausherr sei.

Gottlob verstand er mich!

Er hatte wohl an meiner Aussprache erkannt, dass ich

aus Deutschland war und antwortete mir in

verständlichem deutsch : " Der alte Herzog Sforza sei

im Kampf ertunken und soll nun hier in geweihter

Erde seine letzte Ruhe finden."

Wieder einmal packte mich meine Neugier, und ich

fragte ob ich wohl als sein Helfer mit in den Palast

kommen könnte. Er stimmte zu, da er eine kräftige

Hilfe beim Einbetten des Toten gut gebrauchen könne.

Gemeinsam strebten wir nun dem Eingangsportal

entgegen. Man hatte uns kommen gesehen und ein

Diener wies uns den Weg zu einem der

Nebeneingänge. Auf das Klopfen von Luigio, so war

der Name des Sargbauers, öffnete uns ein anderer

Bedienstete und führte uns in einen mit leuchtenden

Kerzen, es waren bestimmt an die Hundert,

geschmückten Raum. Der Hausherr, der Francesico

Sforza, war neben einigen anderen Anwesenden,

nahm uns in Empfang und teilte dem Luigio seine

Vorstellung über die Einbettung mit. Dieser nickte

verstehend, und man ließ uns dann allein.

Wir stellten den Sarg neben das Bett in dem der

Verstorbene lag und entfernten den Deckel des Sarges.

Luigio entnahm diesen einige kostbaren Seidendecken,

schüttelte die mit Daunen gefüllten Kissen auf, und

gemeinsam kleideten wir den Sarg dann mit den

Seidendecken aus. Nun zogen wir den alten Kämpfer

eine prächtigen Uniform an und legten ihn in sein

letztes Bett. Ich habe nicht gewusst, dass ein toter

Mensch so schwer ist.

Aber letztendlich gelang es uns doch ihn in eine

Ehrfurcht gebietende Position zu bringen. Während

Luigio ihm mit eingefärbtem Öl und Puder das

Gesicht verschönerte, fragte ich ihn, woher er so gut

Deutsch sprechen konnte.

Ich erfuhr, dass er, als er noch Kind war, mit den Eltern im Hanoverschem bei einem Bauern gelebt habe. Dort sei er auch zur Schule gegangen und nach dem seine Eltern recht früh an einer Krankheit verstorben waren, sei er in das Land seiner Familie zurückgekehrt. Ein Onkel war einer der Bestatter dieser Stadt und somit war er nun ebenso einer geworden, in dem Dienste seines Onkels.

Als er mit seiner Arbeit nun fertig wurde, bat er mich den Hausherr zu suchen und zu bitten, er möge sich seinen Vater anschauen.

Ich ging durch die Tür, die auf den Gang führte. Auf dem langen Flur, der ebenfalls mit Kerzen erleuchtet war, wusste ich nicht, in welche Richtung ich sollte. Als ich Stimmen hörte, wendete ich mich in deren Richtung. Am Ende fand ich mich in einem Raum mit hunderten von Büchern wieder. Der Herzog *unterhielt sich mit einigen Leuten. Als er mich sah,*

kam er auf mich zu und fragte mich etwas. Leider

verstand ich ihn nicht, so dachte ich Latein ist die

Sprache der Römer gewesen, vielleicht versteht er es.

So sagte ich ihm:

„Es ist vollbracht", natürlich im lateinischen.

Erstaunt schaute er mich an, nickte mit dem Kopf und

wir gingen gemeinsam zu seinem aufgebartem Vater.

Dort angekommen schaute er sichtlich erfreut auf das

geschminkte Gesicht und die Uniform des

Verstorbenen. Er war so zufrieden, dass er uns auf die

Schultern klopfte und meinte, nach dieser Arbeit

hätten wir uns einen guten Tropfen verdient. Er

nahm uns mit und wir kamen in den Raum mit den

vielen Bücher. Nun waren keine Leute mehr dort.

Der Herzog Sforza goss jedem ein großen Humpen

voll Wein, und prostete uns mit einem lauten Salute

zu. An Luigio gewandt meinte der Sforza, er möge

übersetzen: Da ich offensichtlich Latein sprach,

könnte er mich gut brauchen. Ob ich Lust hätte

seinem ältesten Sohn zu unterrichten.

Der neue Lehrer konnte noch nicht anfangen, da er

erkrankt war.

Natürlich stimmte ich sofort zu, da ich nicht auf

Dauer verpflichtet werden sollte.

Luigio hatte seine Arbeit getan und konnte den

Heimweg antreten.

Ich wurde von dem Herzog in meinen

Aufgabenbereich eingewiesen und sollte am nächsten

Tag mit dem Unterricht beginnen.

Der Sohn war ein aufgeweckter junger Bursche. Es

machte mir viel Freude ihn in die Mathematik, die ich

inzwischen besser verstand, Sprache und die Kunst

des Schreibens einzuführen.

Nach zwei Wochen hatte ich aber genug und wollte

mir endlich die Stadt ansehen. Ich durfte den Palast

nur mit Erlaubnis verlassen. Leider hatte ich diese

noch nie bekommen.

Ich konnte dann aber eines Tages den Herzog bei der

wöchentlichen, guten Auszahlung des Verdienstes,

sprechen und erfuhr, dass der eigentliche Lehrer

seiner Erkrankung erlegen war und somit ich

weiterhin der Lehrer sein sollte.

Das machte mich dermaßen ärgerlich, dass ich noch in

der selben Nacht dem Palast durch ein Fenster und

über die Mauer entfloh.

Ich hatte genug verdient um mir eine Bleibe für die

nächsten Tage zu suchen.

Die Stadt war eine tolle Lebenserfahrung.

Ich habe den Tonio Scala kennen gelernt. Er war ein

Straßenmusiker und war beim Bau der Oper beteiligt.

Dass diese aber nach ihm benannt worden sei, konnte

ich ihm nicht glauben. Seine Arbeit hatte darin

bestanden Sand zu sieben.

Nach etwa drei Wochen hatte ich aber genug von

Mailand und wollte über Frankreich nach

Deutschland zurück.

Der Mai war ja auch schon vorbei!!!!

An dieser Stelle muss der Autor eine Erklärung abgeben.

Ich habe hier einige nicht zusammenhängende Seiten

aus dem Tagebuch meines Ur-Ur-Großvaters Bruder

hier nieder geschrieben.

Mein Vater hatte es im Nachlass seines Großvaters

gefunden und irgendwann mir gegeben. Bei einem

Umzug hatte ich es plötzlich in den Händen.

Die eben gelesene, niedergeschriebene Begegnung

war auch seine letzte.

Er soll in den Französischen Alpen bei dem Versuch

des Monte Chlacko zu besteigen in etwa 3000m Höhe

einem Steinschlag zum Opfer gefallen. Dabei stürzte

er in eine, nicht zugängliche, Felsspalte. Seine

Überreste wurden nie mehr gefunden. Nur seine

gebündelten Habseligkeiten konnten Wochen später

von einem Bergwanderer entdeckt werden. Der

übergab sie der Gendarmerie. Die wiederum sendete

das Paket an die Adresse des oben erwähnten

Ahnherren unserer Familie.

Der Wandersmann hatte ein beneidenswert

abwechslungsreiches Leben gehabt und starb im Alter

von 53 Jahren. Sein Vorhaben das Buch von Justine
Siegesmund zum Drucken dem Guhtenberg
vorzulegen war ihm aber leider nicht vergönnt.
Aber einer meiner Vorfahren hatte die Blätter bei
seinen Habseligkeiten gefunden und es in der
örtlichen Druckerei in ihrem Namen drucken lassen.
Der Name des bedauernswerten Wandersmann war
Ferdinand Franziskus Lügermann.
Aus Gründen der zu schützenden Privatsphäre
wurden die Namen einige Mal von mir teilweise
verändert. Ebenso habe ich keine Datumsangaben aus
dem Tagebuch übernommen.

Manches Mal habe ich das Gefühl, dass das mit den
Genen doch war ist!!!!

Mein ganzer Dank gehört meiner
Vorektorin die da ist:
Meine liebe Ehefrau
Lianne.
Sie hat mich ermuntert und kritisiert,
aber es war gut so!

ENDE

Herstellung und Verlag:
BoD - Books on Demand, Norderstedt
ISBN 978-3-7347-9748-4